경쾌한 초록별

이영숙 수필집

경쾌한 초록별

문학산책사

책을 내며

내가 이 세상에 태어나 가장 잘한 일은
하나님을 영접하고 믿음을 선물로 받은 일이다.

두 번째 잘한 일은 좋은 남편을 만나 행복하고
소중한 두 아들과 며느리, 손주들을 만난 일이다.

세 번째 잘한 일은 배준석 선생님을 만나
문학에 눈을 뜨고 수필집을 내는 일이다.

네 번째 잘한 일, 다섯 번째 잘한 일은
수필집 2편, 3편을 내는 일이길 바란다.

2025년 9월

이영숙

이·영·숙·수·필·집 **경쾌한 초록별**

차례

책을 내며

1부 경쾌한 소리

버스 지나가면 택시 타고　13
2045년의 어느 봄날　16
배롱나무　20
진상 손님　26
웃기는 사람　30
감나무　36
경쾌한 소리　42
겨울 수박　46
찔레꽃　51
모나리자 미소　57

2부 폭삭 속았수다

기도 친구　65
두리안　70
동백꽃　75
천 원짜리 점심　81
그림자처럼　85
노루귀　90
러블리 로즈　95
황홀한 연꽃　100
7 ELEVEN　104
폭삭 속았수다　108

3부 손짓 발짓

며늘 바보　115
껍딱지 우리 손주　121
귀뚜라미와 아기 울음소리　127
방실 주름　130
손짓 발짓　134
가을 나무　141
버팀목　144
낮아지면 보이는 것　149
권금성　153
과대광고　157

4부 예쁜 거짓말

내 사랑 까뮈   163
흔적 지우기   169
꽁치구이   175
선글라스   178
얌통머리 없는 놈   183
할머니의 사랑   188
옹이 빼기   194
등선폭포   200
앵두   205
예쁜 거짓말   210

5부 면허증 반납

한 평 타워   217
라즈베리 편 목련나무 아래   220
박진주 여사를 만나다   225
내가 본 꼴불견   231
타임머신을 타고   235
면허증 반납   239
실버 대학   244
닉네임   248
순서   250
소원   254

해설   순수와 진실이 만나다 | 배준석   258

1부 경쾌한 소리

버스 지나가면 택시 타고
2045년의 어느 봄날
배롱나무
진상 손님
웃기는 사람
감나무
경쾌한 소리
겨울 수박
찔레꽃
모나리자 미소

그를 쳐다보면 일단 즐겁다.
그 속에서 풍겨 나오는 유머러스함이 얼굴에 가득하다.
툭 한마디 던지는 소리가 완전 개그다.
— 「경쾌한 소리」 중에서

버스 지나가면 택시 타고

　손주 녀석들이 놀러 오면 손에서 휴대폰을 놓지 않는다. 잔소리라도 할라치면 통사정이다.
　"할머니 제발요. 집에서 못하니 여기서라도 좀 하게 해 주세요!"
　궁여지책으로 침대에 누워 끝말잇기를 하자고 한다. 유치원 다니는 녀석이 솔깃해 얼른 씻고 온다.
　침대- 대나무- 무우- 우산- 하고 있는데 초등학교 오 학년 큰 녀석이 들어오면서 시시하다고 픽 웃는다. 그러고는 재밌는 게임을 제안한다. 속담을 바꿔 말하는 것이다.
　작은 녀석이 얼른 '고생 끝에 낙이 온다' 하니 큰 녀석이 '고생 끝에 병이 온다' 하고 받아친다. '젊어서 고생은 사서도 한다' 하면 '젊어서 고생은 늙어서 신경통이다'라고 한다.

어디서 그런 것을 들었냐고 물으니 요즘 애들이 다 이렇게 말한다고 한다. 일명 신세대 속담이라나. 재미있어서 또 해보라고 하였다. '예술은 지루하고 인생은 아쉽다. 윗물이 맑으면 세수하기 좋다. 아는 길은 곧장 가라. 못 올라갈 나무는 사다리 놓고 가라. 호랑이한테 물려가도 죽지 않으면 산다. 서당 개 삼년이면 보신탕 감이다. 버스 지나가면 택시 타고 가라.' 줄줄 잘도 외워 말한다.

한참을 떠들다 녀석들은 잠이 들고 나는 신세대 속담이라는 것을 다시 생각해 본다. 설득력 있다고 고개를 끄덕인다. 그중에서도 머리에 남는 속담이 하나 있다. '버스 지나가면 택시 타고 가라.'이다. 맞는 말이다. 버스 지나갔는데 손을 든들 무슨 소용이 있나. 발만 동동 구르지 말고 머리를 써야지.

멀리 갈 것도 없이 남편이 생각난다. 삼십에 직장에 들어가서 삼십 년을 하루 같이 회사 이익과 가족을 부양하며 살아왔다. 동료들과 테니스를 치는 것도, 야유회도 일의 연속이라며 가족과의 주말은 반납하기 다반사였다. 당연히 제대로 된 휴가도 보내기 어려웠다.

청춘을 다 바치며 직장에 충실했지만, 정년이라는 제도는 이런 남편도 밀어냈다. 한동안 허탈한 시간을 보냈다. 다행히 이제 자신의 노후를 충실하게 가꿀 시간이라며 이것저것에 눈을 돌리기 시작했다. 바리스타 자격증을 따고 사회복지사 자격증도 취득했다. 중국어도 배운다고 신청하더니 휴대폰 다루기도 신청하여 열심히 배우고 있다.

좋아하는 책도 많이 읽고 글을 써보겠다고 컴퓨터 앞에 껌 붙인 듯 앉아 있더니 시 공모전에 입선하여 자신감을 얻었는지 행복해한다. 젊음을 태운 버스가 지나갔다고 발만 동동 구르는 것이 아니라 택시를 타고 가고 싶은 목적지에 꼭 도달하겠다고 입을 꽉 다문다.

나에게도 구미 당기는 신세대 속담이 있다. '못 올라갈 나무는 사다리 놓고 올라가라.'

어렸을 적부터 시 쓰기를 좋아했다. 책도 읽고 친구들과 대화도 하면서 문학소녀의 꿈을 키웠다. 세월은 흐르고 생활인으로 직장 다니다 결혼하고, 아이들을 키우면서 시와는 단절하며 살았다. 중년이 되어 나를 찾아보자고 사진 동아리에 들어가 여행하며 사진 전시회도 하면서 취미를 키우던 중에 지금 문학반을 알게 되었다. 정신이 번쩍 나고 삶의 활력소가 되며 다시 희망이 생겼다.

"감히 어디를 올라가!" 하며 큰 문학의 나무를 올려다만 보던 마음에 사다리가 생겼다. 문예창작반 시인 선생님과 문우들. 아름답고 건실한 나무들이 손잡아 주어 나는 떨리는 다리지만 사다리를 꽉 잡고 한발 한발 올라간다.

저 높은 곳을 향하여!

2045년의 어느 봄날

　상쾌하면서도 달콤한 로봇 새소리에 J 씨는 눈을 떴다. 피곤이 가시지 않아 삼십 분 정도 더 잘까 하다가 오늘이 어머니 생신이라는 것이 생각나 벌떡 일어났다. 이미 생신 선물로 달나라에 육박 칠일을 패키지로 보내 드렸지만 98세 되는 날을 혼자 보내게 둘 수는 없었다. 두 아들에게는 시간을 비워 두라고 미리 당부해뒀다.

　전화하니 큰아들은 바쁘다고 하고 둘째 아들은 준비 중이라고 한다. 바쁜 아들은 일 다 마치고 총알 오토바이 타고 오라 하고 준비 중인 아들은 같은 차를 타고 가기로 했다.

　벨을 누르니 똘똘이가 쟁반에 뜨거운 물수건이랑 양치할 물을 가지고 온다. 오늘따라 발걸음이 시원치 않다. 똘똘이 녀석, 업데이트할 때가 되었나 보다. 아침은 간단하게 알약으로 부탁하고 뉴스를 본다.

　백두산 용암이 조금씩 흘러내려 최신식 장비로 퍼 올리며 막고 있다는 뉴스와 하늘을 나는 자동차가 부딪쳐 사고 난 영상이 송출된다. 일본은 바닷물이 10센티 이상 불어나서 초비상이다. 몇 년 안에 나라 전체가 물에 잠긴단다. 발표하는 과학자들 표정이 심상치 않다. 주변 국가의 땅을 사들인다고도 한다.

　오늘 대전 요양원에 있는 어머니를 뵈러 가려면 자동차 모드를 하늘 날기로 해야 하는데 신경이 좀 쓰인다. 준비 중인 서울에 사는 둘째 아들에게 전화해 요양원에서 만나기로 했다. J 씨는 가면서 운전 모드를 자동으로 설정하고 주식시세도 알아보고 어제 못한 일을 마무리 할 생각이다.

　J 씨의 어머니는 일찍부터 당뇨약과 혈압약을 복용했지만, 본인이 관리를 철저히 하기도하고, 약도 좋은 것이 나와 거의 완치 상태다. 젊은이처럼 먼 곳은 못가도 가까운 곳으로 여행도 하고 취미 생활을 즐긴다. 이번에는 종합 비타민이 들어있는 귀걸이를 사 가리라 마음먹는다. 귀걸이처럼 끼고 있으면 자동으로 비타민이 투입된다. J 씨는 어머니가 연로하니 늘 신경이 쓰이지만, 성격이 쾌활하고 사교적이라 아들에게 걱정 끼치지 않고 나름대로 행복하게 잘 살고 있다. 친구도 몇 명 같이 있고 할아버지들도 있는데 친절하게 보살펴 준다고 보기만 하면 자랑이다.

　J 씨는 애틀랜타 딸 집에 가 있는 아내에게 전화한다. 큰아들이

38살이나 되었는데 결혼할 생각이 없는 것 같다고 말했다. 무슨 이야기한 것이 없냐고 물었지만, 아내도 별다른 이야기 들은 적이 없다며 요즘 혼자 사는 게 대세니, 걱정하지 말라고 한다.

어머니 생신 선물로 손주 결혼 소식을 전했으면 얼마나 좋을까, 혼자 중얼거려본다.

어머니는 친구분들이 몇 안 남아 있다. 장수하는 게 좋은 것만은 아니라고 늘 말하지만 그게 어디 마음대로 되는 일인가. 70을 바라보는 J 씨는 어머니가 살아 계시는 것이 좋다. 고아가 아닌 것에 감사하며 부디 건강하게만 사시라고 기도한다.

어머니는 아직도 J 씨가 어린애로 보인다. 만날 때마다 자가 비행기 운전 조심해라, 불조심하라며 잔소리한다. 냉장고 단추를 눌러 자동으로 깎은 과일을 내놓고 먹으라고 성화를 부린다. 그럴 때마다 J 씨는 어린아이가 되어 어리광 섞인 미소를 날리며 과일을 먹는다.

J 씨 옆집에도 백세 되는 할머니가 있다. 아직도 이가 성성하여 사과도 씹어 먹는다고 엘리베이터에서 만나면 씩 웃으며 튼튼한 치아를 자랑한다.

어머니의 걱정거리는 치아다. 오복 중 하나인 치아는 어렸을 적부터 부실하고 오늘에 이르기까지 치료에 많은 돈이 들었다. 내 입안에는 벤츠가 한대 들어있다고 자랑처럼 말한다. 그나마 과학이 발달해 이 정도다. 오늘에 이르기까지 먹는 데에 지장이 없는 것을 감사하게 여긴다.

아침 건강 체크를 위해 J 씨는 닥터를 부른다. 컴퓨터에 연결하기만 하면 로봇이 온몸을 진찰하고 처방을 내준다. 이는 아직 성성하며 혈압도 정상으로 조절되고 있고 당뇨는 위험수위에 있으나 약만 꾸준히 먹으면 좋아진다고 말한다. '좋아요.' J 씨는 혼자 중얼거리며 옷을 입는다.

항상 어머니 생신 때쯤 벚꽃이 피었는데 요즘은 계절이 빨라졌다. 이미 벚꽃은 지고 영산홍이 활짝 피었다.

과학이 나날이 좋아진다지만 천기는 사람도 과학도 어찌할 수가 없다. 그건 오직 당신의 뜻이니 자비를 바랄 수밖에 없음을 알고 겸허히 머리를 숙인다.

백 년 전이나 백 년 후나 여전히 계시는 그분에게.

배롱나무

동네 공원으로 가는 길이 양 갈래다. 앞쪽으로 오르는 길이 있고 캠핑장 쪽으로 오르는 길이 있다. 그렇게 갈라지는 길에 붉은색 꽃을 피운 배롱나무가 있다. 내가 이 동네로 이사 온 지 벌써 십 년이 넘었다. 그때부터 죽 봐왔으니 아마도 이 나무 나이는 최소한 열다섯 살은 넘었을 것이다. 제법 줄기가 굵어져 꽃이 피면 풍성하다.

몇 년 전 몹시 추웠던 겨울에 가지가 얼어 관리소에서 죽은 가지를 잘라냈다. 해마다 배롱나무에 꽃이 피면 달려가 쳐다보던 나는 안타까웠다. 죽어가는 나무를 보며 살아나라고 중얼거리며 나무 주위를 맴돌기 여러 해 하였다.

공원관리소에서도 나무를 살리려고 영양제를 주고 가을이면 가마니로 나무를 둘둘 말아준다. 칼바람 부는 나무 주위에 철쭉

꽃을 많이 심어 키우기도 하였다.

배롱나무는 한해에 한가지씩만 새로 돋아 초조하고 안쓰러운 마음을 더해 주었다. 세월이 약인 듯 몇 년 지나 새 가지들이 쭉쭉 커서 꽃을 피우기 시작한다. 올해는 제법 풍채가 있게 나무줄기가 굵어져서 꽃을 피우니 장관이다. 우리 동네 명물이 되었다. 키는 3미터쯤 되고 풍채는 팔을 벌려서 다섯 사람이 강강술래를 할 정도다. 꽃핀 가지마다 옆으로 뻗는다. 꽃은 홍자색이다.

나무줄기를 만지면 잎이 흔들린다고 하여 간지럼나무라고도 한다는데 내가 만져보니 요동하지도 않는다. 또 다른 이름은 목백일홍이다. 꽃이 피면 백일이 간다고 해서 부르는 이름이다. 입추 전후부터 꽃이 피고 백일 지나 꽃이 질 무렵이면 벼가 익는다고 한다.

입추가 지나자 무덥던 날씨가 조금 시원해졌다. 저녁이 되면 공원을 산책한다. 배롱나무 주위를 돌며 사진을 찍고 그 앞에 놓인 긴 의자에 앉아서 예쁜 꽃을 바라보는 재미에 푹 빠져 있다.

꽃말은 헤어진 벗에게 보내는 마음이다. 갑자기 심장이 벌렁거리며 한 여인이 생각난다. 내가 새댁 때 만나 2년여 한집에 살던 여인이다. 부안으로 발령받은 남편을 따라 이사 간 우리는 전세를 살게 되었다. 그곳에서 같이 세를 사는 예쁜 여자를 만났다.

그녀도 아들이 있었다. 방 앞에 선인장을 종류별로 많이 키웠는데 그것을 구경하다 사귀게 되어 친구처럼 지내게 되었다.

주인집은 뜰이 넓었다. 뒤뜰에는 앵두나무를 비롯해 여러 과일나무가 있고, 앞마당에는 키가 크고 굵은 목백일홍이 우뚝 서 있었다. 우리는 배롱나무 아래서 아이들이 자전거를 타는 것을 보며 이야기를 나누었다.

그녀 남편은 나이가 많고 집을 비우는 일이 잦았다. 출장 간 것이라고 말은 했지만 무언가 석연치 않은 느낌이 들었다. 그렇지만 대놓고 묻는 것도 예의가 아닌 것 같아 모른척하며 일상적인 이야기만 나누었다. 살림도 깔끔하게 잘하고 음식 솜씨도 좋았다. 가끔 만들어 주는 간식은 아이들이나 어른인 내 입맛에도 맞았다. 우리는 시장을 함께 다니면서 맛있는 음식을 나누어 먹고 아이들이 낮잠 자는 시간을 이용해 배롱나무 아래에서 커피를 마시며 이야기를 나누곤 하였다.

그날도 배롱나무꽃이 활짝 피었다. 깔끔하게 차려입은 노부인이 기웃기웃 대문을 들여다봤다. 누구를 찾는 것 같더니 마당에서 뛰어놀던 아이를 보고 달려가 껴안고 울었다. 한참을 울던 노부인은 놀라서 쳐다보는 그녀의 손을 잡고 방으로 들어갔다. 나는 덩달아 놀라서 얼른 아들을 안고 방으로 들어왔다. 궁금하지만 엿들을 수도 없는 노릇이었기에 애만 태웠다.

몇 시간이 지났다. 기척 없이 조용하더니 노부인이 조용히 나와 대문을 나섰다. 배웅하는 그녀 눈이 울었는지 뻘겋게 충혈되었다.

그 후로 그녀는 말이 없어졌고 같이 있을 때도 멍하니 먼 산만 바라봤다. 말을 걸어도 동문서답이다. 궁금한 마음을 이루 다 말할 수 없지만, 그녀가 말해 주기 전에는 절대 묻지 않으리라고 결심했다. 나는 그녀를 만나면 쓸데없는 너스레나 드라마 얘기로 웃겨주려고 애를 썼다.

열흘쯤 지났다. 하루는 그녀가 자기가 키우는 선인장 중에서 마음에 드는 것이 있으면 몇 개를 고르라고 한다. 평소에 내가 꽃핀 것을 보고 예쁘다고 하면 달랠까 봐 겁을 내는 듯 미소만 짓더니 웬일인지 모를 일이었다. 그녀 마음이 바뀌기 전에 평소 마음에 들던 선인장 두 개를 덥석 잡았다.

"잘 키우세요. 물은 이 주일에 한 번만 주시고요."

나는 그게 이별의 선물이리라고는 꿈에도 생각하지 못했다. 그래서 알았다고, 잘 키우겠다고, 옆에서 지켜보라며 그저 신이 나서 얼른 우리 방으로 선인장을 들여놨다.

다음 날 그녀는 친정에 다니러 간다면서 트렁크를 끌고 나왔다. 아이를 업고는 주인아주머니와 나에게 인사를 한다. 나는 두고 가는 선인장들 걱정에 물은 언제 주면 되냐고 물었다. 그녀는 아기 아빠가 올 거라며 걱정하지 말라고 한다.

배롱나무꽃은 점점 더 붉게 물들어갔다. 주인집 아주머니가 배롱나무 밑으로 나를 불렀다.

"이제야 하는 말인데…"

아주머니는 누가 들을까 겁나는 듯 조심하면서 말한다.

그녀의 남편은 원래 결혼한 사람이라고 한다. 아이가 없어서 따로 여기에 살림을 차렸단다. 그녀와의 사이에서 아들을 하나 얻은 남자는 신이 나서 먼저 부인과 이혼하려고 했지만, 완고한 어머니는 조강지처는 내쫓는 게 아니라면서 아기를 데리고 오면 키우겠다고 하더란다. 지난번 노부인이 온 것도 그 문제 때문이었다고 한다. 노부인이 자네는 젊으니, 아기를 주고 새 삶을 살도록 하라며 돈을 두둑이 줬다고 한다.

"절대로 아기를 못 준다고 했다는데…."

아주머니가 안타까운 듯 말을 흐렸다.

배롱나무꽃은 지고 있는데 친정에 간다던 그녀는 백일이 지나도 오지를 않았다. 며칠 지나 집에 온 그녀의 남편은 아기와 엄마가 없는 걸 알고 그길로 뛰쳐나갔다. 역시 집을 나가서 오지를 않는다.

배롱나무꽃이 지고 추석이 지난 어느 날, 그녀 남편이 인부들을 데리고 집에 왔다. 주인아주머니에게 미안하다고 고개를 두어 번 조아리더니 허둥지둥 이삿짐을 싸서 트럭에 싣고 황망히 떠났다.

주인아주머니가 아기엄마는 찾았냐고 하자 그 남자는

"예, 찾았습니다. 짐을 실어다 주려고요."

한다.

배롱나무꽃은 그녀 없이도 몇 번 피고 지고 또 피고 졌다. 우리는 안양으로 발령받아 이사를 왔다. 그때까지 그녀는 편지 한

장 없지만, 그녀가 준 예쁜 선인장은 해마다 그녀가 찾아오듯 활짝 웃으며 피고 진다.

몇 년 후 부안에 가서 그 집을 찾았다. 그녀 소식은 들을 수 없었다. 그 남자와 같이 살고 있을까. 아무도 모르는 곳으로 이사를 하고 혼자 아기를 키울까? 궁금하기가 이루 말할 수 없다.

헤어진 벗에게 보내는 마음이라는 꽃말을 가진 배롱나무꽃은 장소는 다르지만, 오늘도 내 곁에서 마치 그녀가 안부를 전하는 듯, 잊지 말라는 듯 열심히 피고 있다.

진상 손님

우리 교회에는 걸인들이 많이 온다. 한 사람, 두 사람, 셋, 넷. 시도 때도 없이 와서 돈을 달라고 한다. 사무원이 정신이 없어 일을 못 하자 일주일에 한 번 주겠다고 공표했다. 정해준 목요일이면 열 명 정도의 손님들이 와서 아침부터 줄을 선다. 여기 온 사람들은 이곳에서 돈을 받고는 재빨리 또 다른 교회로 이동한다.

그중에 한 사람인 그는 키도 크고 허우대도 멀쩡하다. 넉살인지 사교성인지 인사성도 밝다. 줄을 서 있다가도 교인이 들어서면 넙죽 인사를 하고 활짝 웃는다. 주일이 되면 교회 식당에 와서 식판을 들고 서 있고, 밥을 다 먹고도 돌아가지 않고 있다가 식당 청소 때 의자를 올려놓거나 걸레질을 도와준다. 반찬이 남으면 싸주는 걸 기다리기도 한다.

심야 기도회가 있는 날이면 교회 맨 뒤 좌석에 앉아 꾸벅꾸벅 졸기도 하고 지하실에서 잠을 자기도 한다. 새벽기도 오는 교인들이 종종 놀라는 일이 생길 정도다. 그래서인지 그를 아는 교인들이 알게 모르게 돈을 주고 과일을 가져다주기도 한다.

한번은 목사님이 불러놓고 젊은 사람이 이렇게 거렁뱅이짓만 해서 되냐고 따끔하게 야단을 쳤다. 그는 실실 웃으며 알겠다고 머리를 숙였다. 하지만 여전히 목요일이나 주일이면 교회에 나타나곤 한다. 보다 못한 목사님이 사업하는 장로님에게 인간성은 좋은 것 같으니 한 사람 살리는 셈 치고 일을 시켜보라고 권했다. 그를 설득하여 공장에서 먹고 자기로 하고 인부로 취직시켰다.

겨우 두어 주 지난 목요일이었다. 그가 걸인들 대열에 다시 서 있는 것이 아닌가. 구제받지 못할 사람이라고 목사님과 교인들이 혀를 찼다. 좋은 일자리를 마다하고 왜 나왔냐고 물으니, 대답은 간단했다. 답답해서라고 한다. 훨훨 돌아다니는 것을 좋아해 한곳에 매이지 못한단다. 목사님 말씀이 고마워 참고 참아봤지만, 공장 울타리 안에서 먹고 자고 일하는 생활이 감옥에 있는 것 같단다.

화가 난 목사님이 이제 오지 말라고 야단을 쳤다. 듣는 둥 마는 둥, 그는 목요일이면 여전히 나타난다. 그 진상 손님은 고개를 삐죽 내밀고 넉살 좋게 씩 웃으며 돈을 타간다.

교회 주위가 재건축에 들어가서 임시로 다른 곳에 세를 얻어 이사를 했다. 그곳은 식당이 없어 점심을 중단하였다. 그래서 그런지 그는 보이지 않았다. 교인들은 그가 어디로 갔을까 궁금해했다.

코로나가 세상을 뒤덮고 형제들과 친구들조차도 단절시킨 삼 년 동안 자연스럽게 그가 잊혀졌다.

교회를 다 짓고 이사를 와서 여러 가지 행사로 바쁘게 지내던 어느 날이다. 일 층에 커피자판기가 있고 교인들이 차를 마시며 대화하라고 의자를 놓았다. 본 것 같기도 하고, 처음 같기도 한 어떤 사람이 앉아 우리를 보고 씩 웃는다. 옷을 단정하게 차려입은 것으로 봐서 새로 등록한 교인인가 싶었다. 씩 웃는 얼굴을 본 순간 몇 년 전까지 우리 교회를 드나들던 그 진상 손님인 것을 알게 되었다. 반가운 마음에 그동안 어디서 어떻게 살았냐고 물었더니

"커피 한잔 빼 주면 말할게요."

하며 뻐기듯 말한다.

달달한 커피 한잔에 행복해하며 그가 말하기를 코로나 때문에 집에 다녀왔다고 한다. 놀라움에 집이 있었냐고 물으니 집 없는 사람이 어디 있냐고 한다.

문제는 그의 방랑벽이었다. 옷도 멀쩡하게 챙겨 입고 말끔하게 면도까지 하니 얼핏 신사 같기도 하다. 답답해서 죽을뻔했다는 말로 가족관계와 사는 곳을 어물쩍 넘긴다.

"교회 새로 지으니 좋은데요."

하면서 커피를 홀짝인다.

"새 교회에 오니 나도 새 옷을 입었지요."

묻지도 않은 말까지 곁들인다.

교인들이 우크라이나에 보내려고 옷을 모았다. 대부분 새 옷이었다. 너무 많이 들어 와서 일부는 러시아에서 온 교포들에게 보내려고 남겨 두었는데 그곳에서 하나 찾았다고 한다.

"사찰 권사님이 소리는 질러도 인정은 많아요."

눙치며 자랑이다.

정말 구제할 수 없는 사람이구나. 집이 멀쩡하게 있는데도 걸인으로 사는 그를 이해하기 어려웠다. 일하기도 싫고 간섭받기도 싫고 한곳에 오래 있기도 싫다고 한다. 김삿갓처럼 유람하며 살겠다며 그는 호탕하게 웃으며 손까지 흔들며 유유히 교회를 나선다.

하나님! 저 진상 손님을 더 품어야 하는지요.

웃기는 사람

어느덧 나이가 들어 예전의 인기를 누리지 못하는 최불암이 왕년에 잘나가던 때를 회상하고는 성형수술을 받기로 마음먹었다. 그리고 성형외과를 찾아가서 이렇게 말했다.

"선생님 저를 가수 신성우처럼 만들어 주세유."

수술 결과는 대단히 성공적이었다. 수술 후 CF와 드라마 출연 섭외가 끊임없이 이어지더니 나중에는 텔런트 채시라와 열렬한 사랑에 빠져 결혼까지 하게 되었다.

그러나 천성적으로 남을 속이지 못하는 최불암은 신혼여행을 가서 자신의 아리따운 아내에게 마침내 진실을 밝히기로 마음먹었다.

"시라 씨, 나 사실은 신성우가 아니라 수술한 최불암이야."

그 말에 화를 낼 줄 알고 단단히 각오하고 있던 최불암은 채시라의 한 마디에 그만 기절하고 말았다.

.
.
.

"괜찮아유, 회장님. 지두 실은 일용엄니구만유."

한때 최불암 시리즈라는 유머가 쏟아져 나온 적이 있다. 한양대학교 연극영화과를 졸업했고 한국복지재단 후원회장, 서일대학 방송연예과 겸임교수이며 국회의원도 지낸 적이 있는 지식인이 유머에서는 바보처럼 나와 온 국민에게 웃음을 선사해주었다. 그의 인상은 수더분하고 전원일기에서는 착한 아들이자 아버지였다. 안방극장에서 대인기였던 그를 어떻게 모델로 삼아 유머를 만들어 냈는지 궁금하다.

그의 웃음도 특이하여 우리 마음을 시원하게 해주었는데 알고 보니 입을 막고 웃으려다가 생겨났다고 한다.

"드라마 '전원일기'에서 어머니가 혼자 옆방에 계셨는데 극중 부인 김혜자가 밝은 성격이라 깔깔거리고 잘 웃어요. 그런데 나까지 허허 크게 웃으면 어머니가 외로울 것 같았어요. 조심스레 웃으려다 보니 입을 막게 됐고 '파~' 라는 웃음소리가 나오게 된 것입니다."

이것이 우리 시선을 끄는 웃음의 탄생 배경이다. 그의 웃음은 소리가 유난히 큰데다가 한번에 봇물 터지듯 한다. 듣는 사람

마음마저 시원하게 하는 이유다.

한번은 최불암이 아들과 함께 버스를 탔다. 목적지에 다 와서 내리려는데 버스가 서지를 않았다. 최불암은 운전사에게 왜 차를 세워 주지 않느냐고 소리를 질렀다.
"부자가 울어야 차를 세우죠."
운전사 말이 끝나기 무섭게 갑자기 최불암이 아들과 함께 문 앞에 서서 엉엉 울음을 터트리는 것이 아닌가.

어느 날 최불암이 말이란 별명을 가진 이문세와 등산을 갔다. 높은 산을 오르려다 이문세가 벼랑에서 떨어지려는 순간 최불암이 손을 붙잡았다.
"아이구 조심하지 않고유, 내 손을 꼭 잡고 올라오세유."
이문세는 급한 상황이지만 대 선배님이 자신에게 존댓말을 하는 게 황송하여 말했다.
"아고 선배님 말 놓으셔요."
하자, 이 말을 들은 최불암은 얼른 이문세의 손을 놓아버렸다.

세상이 너무 각박하고 사람들이 영악스러워져 웃음거리가 줄어드는 세태에 우리보다 잘난 것 같은 사람이 바보짓을 하니까 더 신나는 걸까. 맹구나 영구의 덜 떨어진 인상도 재미있지만, 최불암의 어눌한 유머를 읽으면 가슴속이 다 시원해진다. 그래서 한때 최불암 시리즈 인기가 치솟았나 보다.

 나는 무식해서 친구들을 가끔 웃긴다. 지나고 나면 한심해서 속이 상한데 친구들은 재미있는지 만나기만 하면 내가 했던 이야기를 꺼내며 웃는다.
 한번은 이런 적이 있다. 후배가 전화하더니 하루를 같이 지내자고 한다. 나는 반가워서 얼른 대답하고는 어디서 만날까 물었다.
 "양발산에서 같이 놀게 시간을 많이 가지고 오세요."
 나는 양발산이 어디 있는지 의아했지만, 가자는 사람이 안내하겠지 하고 등산복을 차려입고 등산화도 신고 스틱까지 들고는 약속 장소에 나갔다. 그런데 이 후배는 양장에 구두까지 신고 나온 것이 아닌가. 이상한 마음으로 다가갔더니 내 차림을 보고 말했다.
 "아니 온종일 나랑 놀자고 했더니 또 다른 곳에 갈 차림을 하고 오셨네."
 나는 놀라서 물었다.
 "산에 가자며? 양발산."
 그 후배가 갑자기 배꼽을 잡고 웃는 것이 아닌가.
 "하하하 웃긴다. 양발산이라 했더니 산 이름인 줄 아셨나 봐요. 양발산은 산 이름이 아니라 음식점 이름이에요. 음식점. 점심이나 같이 먹고 모처럼 수다나 실컷 늘어놓으려고 했지요. 아하하하."

'에고, 양발산이라는 음식점 이름을 들어나 봤나, 와 보기를 했나. '산' 자가 뒤에 들어가 있기에 산인 줄 알았지.'

나는 속으로 툴툴거렸지만, 후배는 온종일 웃고 또 웃으며 재미있어했다.

또 하나는 정말 나를 무식한 사람으로 만드는 것이라 말하기 싫은데, 독자들을 재미있게 만들어주기 위해 소개한다.

몇 년 전 친구들이 모여서 점심을 먹고 한담을 나누다가 일어서면서

"나 아놀드 파마에 가는 데 같이 갈 사람."

하기에 나는 무심코 대답했다.

"난 며칠 전에 파마했어. 안 갈래."

그랬더니 친구들이 배꼽을 잡고 웃는다. 알고 봤더니 아놀드 파마는 미용실이 아니고 유명한 브랜드라나 뭐라나.

이런 무식쟁이 같으니라고, 얼굴이 뜨거운 걸 겨우 참았다. 친구들은 그때 정말 통쾌하게 웃었다고 두고두고 말한다. 그리고 만나기만 하면 재미있는 이야기를 또 해 달라고 조른다. 친구들이 나를 좋아하는 이유가 이런 어리벙벙한 말과 행동 때문일까? 어리벙벙해서 그런지 유머 기질이 조금은 있어 그런지는 몰라도 젊은이도 왕따 안 시키고 불러주는 걸 보면 조금은 으쓱하다.

맹구와 최불암이 뭐 별건가, 나도 잠시 코미디언이 되어 보는 거지. 그래서 친구들과 내가 마음껏 웃는다면 스트레스 해소에도 도움이 될 것 아닌가. 나는 똑똑한 사람보다 웃기는 사람으로 남고 싶다.

오늘도 세계정세는 뒤엉켜서 불안과 불신이 온몸을 짓누른다. 이럴 때 속 시원하게 웃을 수 있는 일이 생겼으면 좋겠다.

모처럼 최불암이 버스를 타고 서울에 나왔다. 버스가 종로에 도착하자 운전사가 소리친다.

"이가 내리셔요."

또 조금 가더니

"오가 내리셔요."

참고 있던 최불암이 조심스레 물었다.

"최가 내리라는 소리는 언제 할거요?"

감나무

　가을이 무르익을 무렵 강원도로 가족 여행을 가는 길이다. 나뭇잎 떨어진 감나무에 빨갛게 익은 감들이 푸른 하늘에 꽃처럼 점점이 수를 놓고 있다. 터질 듯 농익은 감들을 보자 나는 갑자기 타임머신을 타고 과거로 달리기 시작했다. 어린 시절에 대한 기억은 다섯 살이나 여섯 살쯤이 아닐까 싶다. 공무원이던 아버지를 따라 영월에 가서 살던 시절이다. 어느 새벽이었는데 습관처럼 엄마 가슴을 더듬으려다 깜짝 놀라 잠이 깼다. 당연히 있어야 할 엄마가 옆에 없었다. 부엌에도 화장실에도 엄마는 보이지 않았다.
　"엄마! 엄마!"
　부르며 울기 시작했는데, 울다가 생각하니 내가 누군지 모를 것 같았다. 어떻게 하면 엄마가 나인 걸 알 수 있을까 곰곰 생

각하다가

"영숙이 엄마! 영숙이 엄마!"

하고 문밖에 나와 울었다. 그때 옆집 아줌마가 나오더니 말했다.

"너의 엄마 새벽 기도 갔다. 조금 있으면 올 테니까 울지 말고 가서 자라."

나는 엄마에게 가기 위해 교회를 향해 달리기 시작했다. 공기는 싸늘하고 신선했다. 주위는 어둑어둑했지만, 다행히 길은 희미하게나마 보였다. 엄마를 보고 싶다는 마음에 마냥 달렸는데 얼마쯤이나 달렸을까. 갑자기 누군가가 날 부르는 것 같아 달리기를 멈추고 주위를 살폈다.

어둠이 걷히며 주위가 갑자기 환하게 느껴지면서 날 부르는 게 무엇인지 알게 되었다. 넓은 들판에 감나무가 많이 있었는데 키가 크지 않았던 것 같다, 내 작은 키의 시야에 들어왔으니 말이다. 등이 나무에 걸린 듯 빨갛게 익은 감들이 나무에서 날 보더니 반갑다고 키득키득 소리를 내는 것이다. 어떤 놈은 까불다가 나무에서 뚝뚝 떨어지기도 했다. 이미 바닥에 누워있는 놈들도 있었다. 나도! 나도! 하며 감나무 위에서 내게로 다이빙하는 감들을 보면서 기쁘고 놀란 나머지 나는 탄성을 질렀다.

"감이다! 감이야!"

떨어지는 감 때문에 엄마를 찾아가던 생각을 까맣게 잊고 말았다. 빨갛고 예쁜 감들을 오빠에게 가져다줄 욕심으로 입었던 옷을 벌리고 감을 가득 주위 담았다. 금이 가서 쩍 벌어진 것은 그 자리에서 먹었는데 꿀물 같은 것이 목에 넘어갈 때 어찌나 달던지 그 후로 지금까지 그때처럼 맛있는 감을 먹어본 적이 없다.

탱탱하게 야무진 감들만 찾아 한 참 줍고 있는데,
"영숙아, 너 여기서 뭐 하냐."
어디선가 엄마가 나타나서 나를 안아주었다. 엄마는 하늘에서 내려온 천사처럼 환하고 고왔다. 일찍 천국에 가려고 그렇게 열심히 교회에 다녔나 생각하니 세월이 훨씬 지난 지금도 눈시울이 뜨거워진다. 사랑하는 엄마는 내가 중학교 때 천국에 갔다. 엄마와의 추억은 그날의 감나무 아래에서처럼 달콤하고 빨갛게 곱기만 했다. 엄마는 평생 나에게 그리움과 아쉬움의 대상이다. 좀 더 오래 살아서 내 결혼식을 보고 우리 아이들도 보고 가셨다면 얼마나 좋았을까.

"넌 가장 어렸을 적 생각나는 게 무엇이 있니?"
운전하는 둘째 아들에게 물어보았다. 녀석이 씩 웃더니 대답한다.
"다섯 살 땐가 엄마에게 쫓겨났던 거요."
생각해 보니 그랬다. 녀석이 무엇 때문인가 고집 피우며 울기에 때려 줄까 하다가 둘째라 귀엽고 작은 게 안쓰러워 매 대신 문밖으로 내보낸 적이 있었다. 주공 아파트 138동 106호 살 때였다. 나는 녀석이 울다가 잘못했다고 하면 금방 문을 열어줄 생각이었다. 그런데 이 녀석은 달랐다. 조금 울더니, 소리를 지르며 가게 쪽을 향하여 달려가는 게 아닌가.

"관리실 아저씨! 관리실 아저씨!"

깜짝 놀란 내가 쫓아가서 녀석을 업고 집에 오며 물었다.

"왜 관리실 아저씨를 불렀니?"

"우리 엄마가 아닌 것 같아서. 나쁜 엄마 잡아가라고…."

그리고는 대성통곡을 하는 것이다. 이렇게 엉뚱한 행동을 하는 것이 꼭 어린 시절 내 모습과 닮아 있는 것 같았다.

'미안하다 아들아! 시골의 아름다운 감나무 풍경도 없고, 엄마의 애틋한 기억도 아닌, 매정한 모습으로 네 어릴 적 추억에 장식되었구나.'

엄마의 모습과 내 모습이 다르다. 생각할수록 부끄러운 어미의 모습이었다. 나는 아들에게 또 다른 안 좋은 모습이 기억되어 있을까 겁이 난다. 어디 한두 가지겠는가.

버릇을 잘 들인다고 감정의 매를 들지는 않았는지, 아이 인격을 무시하고 엄마 특권인 양 내 주장대로 키우지는 않았는지, 옆에 있어야 할 가장 중요한 시기에 부업을 한답시고 아이를 혼자 두어 외롭게 하지는 않았는지. 미안한 마음 한이 없다.

기회가 되면 큰아들에게도 물어보고 싶다. 가슴에 상처가 남은 것이 있다면, 용서를 구하고 치유해야 하니 말이다. 가족이라는 울타리 속에서 사랑이라는 단어만 남아야지 섭섭함이나 기억하기 싫은 추억이 있다면 얼마나 가슴이 아픈 일이겠는가.

홍시는 노폐물을 배출해 주고 암을 예방한다고 한다. 심장과 폐를 튼튼하게 해주기도 하고 면역력 향상, 눈 건강과 감기 예방에도 탁월한 효과가 있다고 한다.

생각해 보니 우리 엄마는 홍시와 같다. 부드럽고 달콤한 맛이 느껴지는 홍시. 생각하면 할수록 기분이 맑아지고 몸도 가벼워진다.

그런데 나는 아이들에게 어떤 엄마일까. 덜 익은 떫은맛으로 기억되고 있지는 않은지. 겉은 단단하여 맛이 없을 것 같으나, 껍질을 벗기면 단맛이 나는 단감처럼 기억된다면 얼마나 좋을까. 아무래도 욕심 같다.

다행히 둘째 아들 가족이 함께 살면서 손주 설우와 우주가 내 곁에서 자라고 있다. 설우에게는 무지개처럼 아름다운 어릴 적 추억을 만들어 주고 싶다.

우리 동네에 감나무는 없지만, 오디와 산딸기는 있다. 손주들과 같이 손잡고 산딸기를 따러 가고 오디도 따 먹으며 자연 그대로의 산자락에서 흙냄새를 맡게 하고 싶다. 봄과 여름, 가을, 철 따라 바뀌는 야생화를 보고 새소리도 들으면서 자라게 하고 싶다.

공원에서 떨어지는 폭포 소리를 들으며 그 앞 잔디에서 마음껏 뛰어놀던 어린 시절을 생각나게 해주고 싶다.

할머니와 손잡고 거닐던 다정함도 생각나게 해주고 싶다. 아이가 자라서 어릴 적 추억 속에 할머니의 인자한 얼굴과 다정한 목소리, 잠투정할 때 업어서 들려주는 동화며 침대에 누이고 들려주던 성경 이야기도 기억나게 해주고 싶다. 아들에게 첫 기억의 아픔을 준 미안함을 손주에게 마음껏 보상해 주고 싶다.

  손주는 차가 덜컹거리며 시골길을 가는데도 엄마 품에서 평화롭게 자고 있다. 꿈속에서 할머니랑 숨바꼭질하고 있을까. 생긋 웃으며 자는 모습이 아들 어렸을 때와 똑같다.

경쾌한 소리

그를 쳐다보면 일단 즐겁다. 그 속에서 풍겨 나오는 유머러스함이 얼굴에 가득하다. 툭 한마디 던지는 말이 완전 개그다.

엄마는 네모난 틀에 맞추어 그를 키우려 했다. 반듯한 성격에 지식을 더하여 박사를 만들어볼까? 여러 나라의 언어를 구사하는 외교관을 만들어볼까? 아니면 운동을 시켜 적성에 맞으면 국가대표 선수를 만들까?

운동선수 시키는 것은 일찍 포기했다. 그가 어렸을 때 동네 친구에게 맞고 들어 온 사건이 생긴 뒤부터다. 몇 번을 그러기에 엄마는 약이 오르고 화가 났다. 같은 밥을 먹고 왜 매번 맞고 오냐며 나가서 한번 때려 주고 오라고 했다. 때려 주기 전에는 집에 올 생각을 말라며 문을 열고 밖으로 쫓아냈다. 얼마쯤 시간이 지나도 들어오지 않기에 궁금해서 나가 보았다.

일 층 마당에서 그는 울며 이 층 창문 쪽을 쳐다보고 있었고, 때린 아이는 창문으로 얼굴을 내밀고 내려다보고 있었다. 키로 따지면 때린 쪽이 맞은 쪽보다 작다. 엄마가 나와서 자기를 본다고 느낀 그는 이 층을 향해 자신 없는 소리로 불렀다.

"야, 이리 내려와! 우리 엄마가 너 때려 주고 오래!"

그 순간 엄마는 그는 결코 남을 때리거나 괴롭힐 위인이 못 될 뿐 아니라, 악착같이 달려드는 성격도 못 된다고 결론짓고 운동선수 시킬 생각을 접었다. 자기방어라도 시켜야겠다고 태권도장에 보내기는 했지만 말이다.

공부는 그런대로 잘해서 엄마가 짜놓은 네모난 틀에 맞추어 잘 다듬어지는 듯했다. 욕심이 난 엄마는 과외공부나 학원에 보내려 했지만 '알아서 할게요.' '걱정하지 마세요.' 한마디로 거절했다. 고등학교 3학년 때는 공부하는 아이 옆에 응원 삼아 앉아 있어 주려고 하면 '부담스러우니 가서 주무세요.' 해서 떡을 써는 한석봉 엄마 흉내도 내보지 못했다.

엄마 욕심만큼의 대학에는 못 갔지만, 뒷바라지해 준 것에 비하면 황송하다고 생각할 만큼의 대학에 갔고 영문학을 선택했으니, 엄마의 네모난 틀에서 성공하리라 생각했다. 그렇지만 그건 착각이었다.

군대 다녀와 복학한 그에게 영문학 전공이니 영어권 나라에 유학이라도 다녀와야 하지 않겠냐고 제안했을 때, 그는 엄마에게 정색하며 말했다.

"군대에 가서 제 진로를 결정했습니다. 유학 보낼 돈 십 분의 일만 주시면 제 생각이 맞는지 공부해 보려고 합니다."

그는 네모난 틀을 과감히 깨고 둥근 본연의 모습을 찾기 시작했다. 작가가 되기 위한 공부를 시작한 것이다. 어이 없어진 엄마가 전공을 안 살리고 생뚱맞게 국문학 쪽이냐고 묻자 군대에서 일어났던 일을 이야기하기 시작했다.

군대에서도 그는 훌륭한 군인은 아니더란다. 훈련을 받거나 땅을 파도 어설퍼서 친구들은 삽질하냐며 놀렸고, 자기 자신이 생각해도 군 생활을 잘할 수 있을지 걱정이 많았는데 어떤 기회가 찾아와 자신이 생겼고, 자기 달란트를 생각해 보게 되었단다.

부대 간에 장기 자랑이 해마다 열리는데 축구 시합이나, 연극이나, 뮤지컬이던지 간에 '지고 오면 죽는다.'며 열심히 연습하고 준비하는 기간이 있단다. 거기에 그가 연출하고 연습시킨 뮤지컬 무대가 일등을 했다고 한다. 부대 전체가 축제 분위기가 되고 상급 휴가도 나올 정도가 되니 어설픈 군인에서 인기 있는 군인으로 친구들에게 즐거움을 주는 귀한 존재가 되었다고 한다.

그는 자신에게 이런 재능이 있다는 사실에 놀랐고 그 방향으로 가보는 게 어떨까 하는 생각이 들었다.

아쉬움에 훌쩍이는 엄마를 뒤로하고 창작활동을 시작했다. 작가 과정 수업을 듣다가 개그콘서트를 쓰는 연출가의 눈에 띄어 대학 졸업하기도 전에 취직이 되었다. 꽤 인기 있는 코너의 작가가 되어, 바쁘지만 자기가 원하던 길로 들어서게 되었다고 무척이나 기뻐하였다.

　작가의 길도 쉽지 않았다. 아이디어 싸움에 신경이 곤두섰고 늘 새로운 것을 써야 했다. 유행어 만들기에도 촉을 세워 코미디언들과 머리를 맞대고 밤새 작전을 짤 때도 있다.

　프리랜서이기 때문에 방송 개편이 되면 라디오 방송 작가도 했다가, 연출도 하고, 세계 여행 작가로 촬영기사와 여행도 하며, 드라마 작품도 구상하였다. 지금은 방송국 뉴스팀에 메인 작가로 있다.

　어떻게 보면 참 힘든 직업을 택했다고 볼 수 있어 엄마 마음은 늘 초조하고, 안타깝고, 애처롭기까지 하다. 새벽에 일어나 글을 쓰고 아이디어가 떠오르면 그 즉시 글을 써야 하니 어디 가나 노트북을 가지고 다닌다.

　그렇지만 그는 늘 희망차고 표정이 밝다. 힘든 내색 없이 누구에게나 친절하게 상담도 해주면서 친구 역할, 아들의 역할을 잘 감당하고 있다.

　푸른 옷을 입고 담담해 보이나 칼만 대면 경쾌한 소리로 짝 갈라지는 속이 꽉 찬 수박같이 뜨거운 정열로 가득 차 있다.

　짜놓은 네모난 틀에서 자라는 네모 수박이 있다고 한다. 그런 답답한 네모 틀에서 벗어나 둥근 본연의 모습으로 달고 시원한 맛을 만인에게 보급하는 일등수박 같은 인생이 되길 그의 엄마는 늘 응원하며 기도하고 있다.

겨울 수박

　겨울이 겨울답지 않게 따뜻하다고 해도 외출할 때는 코트를 입고 모자 쓰고 털신을 신는다. 모처럼 만난 친구들과의 수다도 이왕이면 김이 무럭무럭 나는 주전자가 난로 위에서 춤추는 곳이 더 분위기 좋고 정감이 솟는다.
　두 시간 정도 떠들면 화제도 바닥나고 목도 마른다. 따스한 물 한잔 더 먹고 일어서자며 성질 급한 친구가 장갑과 목도리를 챙긴다.
　돌아가는 길에 이마트를 들려야겠다는 내 말에 한 친구가 같이 가자며 자기 차를 타라고 한다.
　손주 녀석이 딸기가 먹고 싶다고 한 생각이 나서 과일 가게에서 딸기를 만지작거리는데 같이 간 친구는 수박을 고른다. 슬쩍 가격표를 보니 딸기 값의 네 배는 된다. 딸기도 비싸서 주저

하고 있는데 수박이라니, 갑자기 부자와 서민의 차가 느껴져서 가슴이 싸하다.

친구는 내 기분을 알아차렸는지 계면쩍게 웃으면서 말한다.

"남편이 담석이 있어서 레이저로 두드렸는데 부스러기들을 다 배출시키려면 물이나 수박이나 맥주를 많이 마셔야 한대. 맥주를 많이 못 마시니 맛없는 겨울 수박이라도 주려고 하는 거야."

속내를 들킨 나는 미안하여 얼굴이 화끈거리는 걸 숨기려고 수박을 이리 두드려보고 저리 두드려보면서 이게 좋겠다며 상쾌한 소리가 나는 걸 추천했다.

처음 친구 남편을 봤을 때, 그는 겨울 수박의 맛처럼 그리 달콤해 보이지도 않고 멋스럽지도 않았다. 그러나 보면 볼수록 진국이라는 생각이 드는 사람이다.

그는 평생을 근검, 절약하고 한결같은 마음으로 가정을 성실하게 지켰다. 여생을 넉넉히 즐길 부자지만 헛돈을 쓰지 않는다고 친구는 말한다. 그렇지만 인정이 많고 의리가 있어 친구들의 어려움을 보면 그냥 흘리지 않고 남모르게 도와주는 사나이라고 한다.

그러고 보니 나도 한번 신세를 졌던 기억이 난다. 몇십 년 전인데 교회에서 부부 동반으로 강가로 놀러 간 적이 있다. 점심을 먹은 후 덥다고 여자들은 옷을 입은 채로 물에 들어갔다. 처음엔 물이 깊지 않아, 수영하며 조금씩 안으로 들어갔다. 조금 후에 일어서려고 하니 발이 땅에 닿지 않았고 갑자기 물살도 세졌다. 당황하고 겁이 난 나는 강가를 향해 살려달라는 신호를 보냈다. 한가하게 쉬고 있던 사람들은 내가 장난하는 것처럼 보였는지 웃으며 쳐다보기만 했다.

옆을 돌아보니 같이 들어갔던 친구들이 하나도 안 보인다. 순간 공포가 밀려왔다. '심장마비가 오면 어떻게 하나, 물살에 밀려가면 수영도 못하는 나는 꼼짝 없이 빠져 버릴 텐데 어쩌지?' 짧은 순간에 수많은 생각이 들었다. 살아야겠다는 일념으로 계속 살려 달라는 신호를 보냈다.

영화의 한 장면처럼 주위가 조용해지더니 멀리서 웃고 떠드는 모습이 나를 조롱하는 듯이 보였다. 이렇게 죽는 거구나, 이제 힘이 없어지는데 어쩌나 하며 강가를 쳐다보고 있는데 물끄러미 나를 쳐다보던 한 남자가 벌떡 일어서더니 나를 향해 달려오는 게 보였다. 이제 살았다 하는 마음에 강물 안쪽으로 더 빠져들지 않으려고 마지막 힘을 다해 강가 쪽으로 헤엄을 쳤다. 달려 온 남자가 들어오더니 힘차게 내 팔을 잡았다.

얕은 물가와 물살이 세고 깊어지는 물의 차이는 겨우 한 걸음인데 이승과 저승의 갈림길을 몇 분 사이에 겪은 나는 정신이 나간 듯 강가에 주저앉아 울음을 터트렸다.

처음엔 장난인 줄 알았다고 한다. 그런데 눈을 안 떼고 자세히 보니 장난이 아닌 필사적인 손놀림이더란다. 놀라서 뛰어왔다는 그는 내 친구 남편이었다.

네 남편 수영할 줄 아느냐고 나중에 친구에게 물어보았더니 잘못한다고 한다. 처음엔 물이 얕을 텐데 싶어 의아해하다가 나중엔 위급한 상황인 것 같아서 수영을 잘하고 못하고를 따질 겨를이 없었다고 했다. 그날 감사하다고 인사를 했는지 안 했는지 그것도 기억에 없다.

몇 년이 지난 후 새삼스럽게 그 생각이 나서 친구에게 그때는 정말 고마웠다고 전하자 자기 남편은 의리의 남자라고 자랑한다. 청년 때는 이웃집 아이가 없어졌는데 부모와 형제들이 찾아다닐 때 자전거를 타고 한나절 돌아다니면서 기어이 그 아이를 찾아 자전거에 태우고 돌아왔다는 이야기도 들려준다.

그 후 친구네 농장으로 놀러 가면 친구 남편은 왔느냐고 고개로만 인사를 하고는 밭으로 도망치듯 나가 이야기를 나눌 기회가 그리 많지 않았다.

그는 겨울 수박처럼 그리 달콤하지는 않아도 볼 때마다 시원하고 인정 많은 사람이라는 생각이 든다.

요즘 사람들은 옆집에 누가 사는지 관심이 없고, 크게 싸우는 소리가 나도 쫓아가 말리지 않는다. 기껏해야 119에 신고하는 것으로 관심을 대신한다. 길에서 아이들이 싸워도 겁이 나서 말리지 못한다. 너는 너, 나는 나로 나뉘어 선행이 귀한 시대에 친구 남편의 도움은 오랫동안 잊히지 않는다. 작은 일이라면 작은 일이고 큰일이라면 생명까지도 살려준 은인인데 나는 진정으로 고맙다는 인사를 제대로 전했던가.

생각지도 않게 기회가 왔으니 수박 값이라도 내주어서 밀린 고마움을 갚아야겠다는 생각에 얼른 카드를 꺼내 들고 계산대로 뛰어갔다.

찔레꽃

 오월 초순인데 공원에 하얀 찔레꽃이 한창이다. 친구네 고향에는 유월이 되어야 찔레꽃이 피는데 요즘에는 계절도 바쁜지 급하게 피어난다. 찔레는 꽃술이 많다. 노란 밑동에 달린 빨간 꽃술은 가난한 집의 대가족 같다. 가만히 들여다보니 내 친구 호경이 얼굴이 활짝 피어오른다.
 호경이는 찔레꽃을 닮았다. 하얀 얼굴에 얌전하면서도 향기를 솔솔 내뿜고 있기 때문이다.
 호경이와 내가 인연을 맺은 것은, 고등학교 1학년 때이다. 아버지랑 둘이 살던 나를, 오빠가 책임진다면서 당신 신혼 살림집 근처 학교로 전학시켰다.
 첫날 학교에 가서 인사를 하고 선생님이 지정해 준 곳에 앉았는데, 그때 만난 짝이 호경이다. 호경이는 살짝 미소를 보냈지만 어색한지 말을 걸지는 않았다. 며칠을 그렇게 지내며 살펴보니 이 친구는 믿을만하다는 생각이 들었다. 내가 먼저 적극적으로 말을 걸었고, 방과 후 공부도 같이하면서 서로에 대해 알아갔다.

호경이 어머니는 시골에서 혼자 살았다. 어려서부터 자식처럼 키워온 삼촌이 한의사가 되어 도시로 나가자 딸 둘을 삼촌 곁에 두고 고등학교를 보내고 있었다. 딸만 둘을 낳아서 삼촌을 아들처럼 키웠더니 이렇게 덕을 보게 되었다고 웃는다. 어머니가 가끔 밑반찬이랑 반찬거리를 가지고 왔는데 그때마다 나는 찾아가 인사도 드리고 저녁도 맛있게 얻어먹고는 했다. 호경이 언니가 밥을 하면 나랑 친구는 설거지를 맡았다. 우리는 수돗가에서 그릇을 씻으며 학교에서 일어난 일들을 조잘거리며 웃었다.

그때 내 오빠는 신혼이었는데 방이 한 칸이었다. 다 큰 애가 같이 한방을 쓰려니 눈치가 이만저만이 아니었다. 나는 방을 하나 얻어 주면 아르바이트하면서 공부하겠다고 편지를 써 놓고 나왔다. 호경이네 집에서 며칠을 묵으며 학교에 다녔다. 오빠가 안 되겠는지 찾아와서 호경이네 집 옆에 방을 하나 얻어 주고는 반찬은 언니가 직장 생활 관계로 못 해주니 혼자 해 먹으라고 한다.

호경이는 자기 용돈이라도 번다면서 신문 돌리기를 하고 있어 나도 따라가 신문사에 취직해 같이 신문 돌리기를 하였다. 호경이의 천사 노릇은 그때부터 시작되었다.

나는 작은 항아리를 부엌 한쪽에 두고 됫박쌀을 사서 먹었는데, 밥을 일주일 해 먹어도 쌀이 줄지 않고 항상 그만큼 항아리를 채우고 있었다. 처음에는 이상하다고만 생각했는데 그것이 호경이의 우렁각시 노릇인 줄을 얼마 지난 뒤에 알게 되었다. 나 없을 때 다녀간다고 왔던 호경이와 문 앞에서 딱 마주친 것이다. 시골에서 쌀을 가져오면 내 항아리에도 몰래 부어 주고는 했던 거였다.

호경이는 내가 알게 된 후에는 반찬을 가져다 놓고 '우리 어머니가 다녀가셨는데 네 것도 만들어 왔네.' 하고 메모를 남겨 놓기도 했다. 이렇게 고마운 호경이는 이 학년 때도 단짝이 되었다.

공부도 서로 시샘하면서 경쟁하여 좋은 성적표를 받았다. 고등학교 이 학년 때 반장을 맡았다. 가을에 총학생회장을 뽑았는데 반 친구들이 나를 추천해 출마하게 되었다. 아침 일찍 등교하여 학생들과 선생님께 인사를 하고 반마다 찾아다니며 선거 운동을 하였는데, 호경이가 옆에서 열심히 도와 주었다. 내가 전학해 온 학생이라며 상대방 후보가 떠드는 바람에 총학생회장 자리엔 못 올랐지만, 우리 우정은 전교생이 다 알게 되었다. 떨어진 나는 안 울었는데 호경이가 엉엉 울었기 때문이다.

어느 주말에 호경이가 자기 시골집에 간다면서 같이 가자고 했다. 논에 모를 심는데 새참을 날라다 주어야 한다고 했다. 나는 쾌히 승낙하고는 같이 버스를 탔다. 한 시간 조금 넘게 구불

구불 산모퉁이를 돌아 어디에 내렸는데 내려서도 산기슭을 지나 한참을 걸어가야 했다.

산에는 찔레꽃이 많이 피어 있었다. 보기에는 장미보다 예쁘지 않은데 향기는 장미꽃처럼 은은하고 매혹적이었다. 호경이는 찔레나무 순을 잘라서 나에게 먹어보라고 했다. 떫은맛이 들기는 했지만 사각이면서도 들쩍지근한 맛이 달콤하게 느껴졌다. 어렸을 때 많이 따 먹었다면서 보릿고개 때의 배고픔을 은근히 알려 주었다.

친구 어머니는 반갑게 우리를 맞아 찔레차를 주었다. 찔레차 마시면 키가 많이 큰다면서 향기로운 차를 더 따라 주었는데 나는 호경이의 작은 키를 생각하며 피식 웃었다.

다음날 행해진 모심기는 처음 보는 것이라 신기하고 재미있었다. 집마다 돌아가며 품앗이로 모를 심는데 호경이네가 제일 늦은 차례라고 한다. 동네 사람들이 일렬로 서서 아저씨 한 사람이 신나게 선창하면 모두 따라서 노래하고 박자에 맞춰 모를 심는데 처음 보는 나에게는 노동이 아니고 신선한 놀이처럼 느껴졌다. 친구 언니가 말아준 냉콩국수를 머리에 이고 새참을 내고 나면, 우리는 집으로 가지 않고 모내기를 구경하였다. 한참을 흥미롭게 보고 있는데 호경이가

"우리 어머니는 모 심고는 며칠을 몸살 한단다."

하며 안타까워한다. 나는 그 말에 흥미가 없어져서 힘없이 새참 그릇을 이고 돌아왔다.

그해 가을, 우리 반 친구 한 명이 수학여행을 못 간다고 했다. 호경이와 나는 머리를 맞대고 도와줄 궁리를 하였다. 찹쌀떡을 팔면 어떻겠냐는 친구의 말에 찬성하고는 호경이 어머니에게 찹쌀떡을 만들어 달라고 하였다. 반마다 다니며 학생들에게 팔았는데 총학생회장 자리를 놓고 드나들던 교실이어서 많은 사람 앞에 서도 조금도 부끄럽지 않았다.

선생님들이 많이 사줬다. 집에서 만들어 왔다는 말에 선생님들은 '아주 제법인데' 하며 돈을 넉넉히 줬다. 수학여행 못 간다는 친구의 여행 경비를 너끈히 만들 수 있었다.

우리 우정은 지금까지 이어지고 있다. 호경이는 시골교회 목사님에게 시집가서 사모님이 되어 어려운 사람들을 많이 섬기더니, 지금은 강화 시집 동네에 작은 펜션을 지었다. 여름이면 그곳에 가 살면서 정년퇴직한 남편과 텃밭을 일구어 작은 규모의 농장을 하고 있다. 감자, 옥수수, 토마토, 고추, 고구마 등 농사를 지어서는 동료 목사님이나 어려운 교회 목사님들께 보내 드린다고 한다.

나도 예외는 아니어서 초가을이 되면 고구마를 캐서 늘 한 상자를 부쳐 온다. 매년 받아먹기만 해 염치가 없어 무엇이든 답례하려고 해도 주소를 알려 주지 않는다. 보내온 상자에는 언제나 주소가 없다. 너의 천사 노릇은 영원하다고 말하며 나는 자연스럽게 받아먹고 있다.

여고 시절부터 맺어진 소중한 우정을 아직 이어가고 있음은 내 인생에 축복이고 선물이다.
"친구야. 너는 나의 영원한 천사야."
중얼거리는 나에게 찔레꽃 향기가 호경이의 향기가 되어 진하게 파고든다.

모나리자 미소

그녀의 미소는 봄빛 같다. 살을 베는 듯한 혹독한 겨울을 이겨낸 후 맞이하는 따사한 봄 햇살이다.

내가 그녀를 처음 만난 것은 중학교 3학년 때였다. 일 년 휴학하고 어설픈 몸짓으로 교실에 들어가 동생뻘 되는 아이들에게 인사하는 나에게 '친구야. 어서 와.'하고 미소 짓던 모습은 얼어붙은 내 마음을 녹이기에 충분하였다.

반장이었던 것 같다. 친절하게 돌보아 줄뿐더러 키가 나보다 훨씬 커서 일 년 나이 차이는 금방 잊어버리게 했다.

문학소녀였던 그녀는 사춘기에 걸맞게 조용하고 신중했고 어른스럽게 행동했다. 말소리도 크지 않게 조심하며 한마디씩 하는데 실수를 전혀 하지 않았다.

그해 한글날 교내 백일장에서 그녀가 장원하고 내가 우수상을 받았다. 우리는 그것을 계기로 더욱 친해졌으며, 외롭던 나는 무조건 이 친구를 사귀어야겠다고 결심했던 것 같다. 사소한 이야기도 그녀에겐 다 했으니까.

어머니가 돌아가셨다는 것, 그래서 일 년 휴학했다는 것, 아버지와 둘이 산다는 것, 오빠는 객지에서 공부하고 있다는 것, 미주알고주알 고해성사처럼 말했는데 봄 햇살의 미소를 지으며 그녀는 다 들어주고 보듬어 주었다.

한번은 그녀 집에 나를 데리고 갔는데 집이 커서 놀라는 나를 보고 집의 크기 같은 외형을 보면 안 된다며 어른처럼 말했다. 그런 모습은 친구라기보다 언니 같았다.

일 년을 사귀었지만 우리는, 아니 나는 몇 년을 사귄 친구처럼 좋았고 의지도 했다. 그녀는 친구가 많았다. 그 속에 나를 끌어들이려 했지만 수줍고 외골수인 나는 오로지 그녀만 따라다니는 해바라기가 되었다.

다음 해에 고등학교를 진학하고, 취직한 오빠를 따라 다른 지역으로 전학을 갔다. 나는 한결같이 그녀가 좋았다. 그리워하는 마음으로 편지를 썼고, 답장을 받으면 친구를 본 듯 기뻤다.

그녀의 미소는 모나리자 같다. 갸름한 얼굴에 단발머리인 그녀는 크게 웃지 않고 늘 미소만 지었는데 그때마다 모나리자의 신비로운 미소가 생각났다. 입꼬리가 살짝 올라가는 것이 처음에는 비웃는 듯 보였다. 하지만 볼 때마다 마음이 편해져 조소가 아닌, 다 이해하고 포용하겠다는 뜻으로 받아졌다.

2년을 떨어져 있다가 다시 본교로 온 나는 고등학교 3학년 때 그녀와 또 한 반이 되었다. 담임 선생님은 몇몇 공부 잘하는 아이들을 모아 방과 후에 공부를 가르쳐 주었는데 나도 끼워 주었다. 가정 형편상 대학에 가지 못할 걸 뻔히 알면서도 친구랑 같이 더 있을 수 있다는 것에 만족하고 열심히 공부했다.
   그때도 그녀는 언니처럼 나를 챙겨주었다. 나는 대학에 못 가는 설움보다 그녀와 헤어진다는 슬픔이 더 짙었다. 그녀는 대학에 진학하고 나는 대학을 포기하였다. 그녀의 아버지 소개로 서울에 올라와 취직하였고 그녀는 서울에 있는 명문대생이 되었다.
   우리 우정은 변함이 없었고 그리움 반, 부러움 반으로 그녀의 소식을 기다렸다. 어쩌다 만나자고 약속하던 날은 밤잠을 설치며 들떠 있곤 했다.
   내 결혼 때 그녀가 축하하러 왔고 그녀가 결혼할 때 나도 달려갔다. 춘천에 있는 대학 교정에서 결혼하였는데 결혼식장으로 올라가는 양쪽 언덕으로 활짝 핀 개나리 군락에 눈이 부셨다. 동화 속 나라로 올라가는 느낌이 들었다. 변함없는 모나리자의 미소로 나를 반기던 하얀 면사포의 그녀는 선녀처럼 고왔다.
   그녀의 미소는 내 어머니 미소와 닮았다. 내가 잘못해도 웃으며 안아주던 어머니, 부드럽게 타이르며 머리를 쓰다듬어 주던 어머니. 그래서 내가 그녀를 무조건 좋아했던 것 같다. 어머니가 떠나간 자리에 그녀가 자리매김하고 엄마처럼, 언니처럼 내 마음속에 머물고 있었던 것이다.

그녀는 대학원을 수료하고 결혼 후 남편과 함께 대학교수가 되었다. 그리고 다른 곳에 가지 않고 고향을 지키고 있다.

그때는 내 어머니의 유골도 아버지와 함께 서울 모란 공원으로 모셨고 작은아버지 한 분도 춘천에 홀로 살다가 아들이 있는 서울로 간 후였다. 이제 고향에는 그녀만 남았다.

어렸을 때는 몰랐던 고향의 아름다움을 그녀를 통해서 알게 되었다. 어쩌다 그녀를 만나기 위해 춘천에 가면 숨은 명소를 찾아다녔다. 점심을 먹고 차도 마셨는데 그중 소양강이 가장 마음에 들었다. 추운 겨울, 물안개가 얼어붙은 강가의 상고대는 환상 그 자체였다. 밤늦게 출발하여 새벽에 소양강 근처에 있는 해장국집에서 밥을 먹고 물안개와 나무에 얼어붙은 꽃들을 찍노라면 어느덧 아침 해가 떠오른다.

근교에 있는 등선폭포는 나름 깊은 산속의 폭포처럼 정겨웠다. 어렸을 적 스케이트를 타고 놀던 공지천은 세월의 변화에 흡수되어 큰 공원으로 변했다.

그녀는 남편과 함께 후배 양성에 정성을 쏟았다. 남편은 대학교 총장이 되고 그녀는 부학장이 되어 지역사회 발전에 큰 힘을 보탰다.

친구 집무실을 방문했을 때는 대견하고 자랑스러운 마음에 기념사진도 찍고 친구 몰래 감격의 눈물도 글썽였다. 정년퇴직 후 그녀의 남편은 시집을 몇 권 출간했다. 그녀는 남편 옆에서 조용히 내조하며 제2의 교육열을 제자들에게 쏟아부으며 지냈다.

몇 년 전 남편과 사별하고 혼자 지내고 있는 그녀, 조용하지만 강단이 있다. 미국에서 자리 잡은 외동아들이 혼자 된 어머니가 안타까워 미국으로 오라 하지만 그녀는 내 나라와 내 고향 안에 머무르겠다며 씩씩하게 살고 있다. 아직도 주 1회 강단에 서며 성경 공부도 열심히 하는 착실한 신자다.

  눈이 많이 오는 고장이라 겨울이 되면 친구들과 동네 길을 다 쓸던 기억이 난다. 봄이면 뒷동산에 진달래가 환장할 만큼 고와서 친구들이랑 올라가 꽃잎을 따 먹으며 노래를 불렀던 기억도 물안개처럼 가슴 아린 추억이 되었다.

  그녀가 제일 기억에 남고 소중한 것은 그녀에 대한 내 사랑과 신뢰 때문이리라. 그녀가 있는 한 춘천은 늘 봄이고, 그녀는 내 고향이 되어 가슴속에 그리움과 사랑으로 영원히 자리매김하고 있을 것이다.

2부 폭삭 속았수다

기도 친구
두리안
동백꽃
천 원짜리 점심
그림자처럼
노루귀
러블리 로즈
황홀한 연꽃
7 ELEVEN
폭삭 속았수다

이 땅에 천국을 이루며 그녀와 손잡고 찬양하리라.
우리 인연은 이번 생에 기도 친구로만 끝나는 것이 아니라
천국까지도 이어지리라고 믿으며 기뻐하고 있다.
―「기도 친구」중에서

기도 친구

하루하루를 세어보면 처한 상황에 따라 길기도 하고 짧기도 한데, 세월이 흘러 뒤돌아보면 모두 한순간 같다. '인생 뭐 있어?' 하며 세상일 즐기다가 가을 가고 겨울이 오면 생의 끝에서 만나게 될 그분이 생각나 옷을 단정히 하고 고개 숙여 깊이 기도하게 된다.

살아온 날들보다 앞으로 살날이 더 짧은데 아직도 내 생각대로 행하고 그분의 뜻을 헤아리지 못한 것 회개하며 이제부터라도 허송세월 안 하고 보람있게 살겠다고 다짐하는 기도를 한다. 그다음 친구들을 위해서 중보기도 하는데 그때마다 멀리 가 있는 친구 생각이 나서 긴 시간을 할애한다.

미국에 가 있는 그녀를 만난 것은 사십오 년 전이다. 남편 직장을 따라 부안으로 가서 삼 년 살다가 본사가 있는 안양으로 오게 되었다. 안양도 처음이라 아는 사람 한 명도 없는 객지였다.

그런 나에게 그녀는 친정 식구처럼 다가왔다. 같은 아파트에서 살게 된 직장 동료 부인인데 우리가 이사 왔다고 인사차 온 것이다. 차를 마시며 이런저런 이야기를 나누다가 신앙생활은 하냐고 묻는다. 그렇다고 했더니 그럼 자기 다니는 교회에 와서 말씀을 들어보라고 한다. 아는 사람도 없는 차에 잘 되었다 싶어 주일에 같이 가게 되었다. 말씀도 좋아서 그 교회를 다니기 시작했다.

그녀는 열심히 하나님을 섬기고 집에서는 피아노 레슨도 하면서 바쁘게 살았다. 같은 교회, 같은 직장 동료 가정이라 그런지 시간이 날 때마다 와서 기도해주었다. 우리 아이들까지 예뻐해서 금방 친하게 되었다.

내가 관절염으로 다리를 움직이지 못하고 누워있을 때는 그녀가 매일 와서 반찬을 만들고 아이들도 챙겼다. 그 와중에 이사하게 되었는데 그때도 자기 집 이사하듯 도와주었다.

그녀와 친분도 깊어지고 정들만 하니 다시 전주로 발령이 났다. 진급한 기쁨도 잠시고 생전 가보지 않던 지방이라 낯설어 전주에 정이 들지 않았다. 매일 안양으로 다시 가고픈 마음뿐이었다.

그녀와 전화 통화를 하나의 낙으로 여기며 살 정도였다. 이년이 지나자 작정 기도를 하자고 그녀에게 제안했다. 매일 낮 12시를 정해서 본사가 있는 안양으로 다시 가게 해 달라는 기도 부탁이었다. 그 시간에 전화를 두 번 따르릉 울리겠다고 했다. 다른 친구도 끌어들여 셋이서 기도를 시작했다. 혹 내가 깜빡하면 그녀가 전화벨을 울려주기도 했다. 그것으로 그치지 않고 세 가족의 개인적인 문제와 교회와 나라를 위해서도 기도했다.

삼 년 만에 다시 안양으로 오게 되었지만, 우리 기도는 계속되었다. 새로운 공동 기도 제목은 그녀의 아기였다. 나는 아기가 둘인데 나보다 다섯 살 아래인 그녀는 아직 아기가 없었다. 그것으로 인해 시어머니의 박해는 이 모양 저 모양으로 조여 왔다. 심지어 아들에게 다른 여자에게서 아기를 낳으라고 종용할 정도였다.

우리는 열심히 기도했다. 그 집에 놀러 갈 때는 문 열기 전에 현관 문고리를 잡고 기도한 후에 문을 열었다. 꾸준히 기도하던 중 감사하게 그녀에게 아기가 생기게 되었고 기뻐할 즈음 이번엔 그녀 가족이 포항으로 전근이 되어 이사했다. 우리 친분은 계속되었고 전화는 물론 포항까지 가서 아기를 안아보며 우정을 쌓아갔다. 몇 년 후 다시 안양으로 발령받고 이사 와서 아기 크는 모습을 옆에서 보며 오순도순 살았다.

세월이 흘러 그녀 남편이 정년퇴직하더니 아이 교육을 위해 미국으로 가겠다고 한다. 동생이 애틀랜타에 살고 있으니 외롭지 않을 거라고 했다. 그녀는 다시 올 테니 걱정하지 말라며 떠났다.

미국은 한국보다 집값이 싸다고 한다. 아파트 32평을 팔고 가서 산 집이 단독이층집인데 지하도 있고 차고도 멋지다며 사진을 보내왔다. 마치 크리스마스카드에서 보는 집 같았다. 공기도 좋고 경치도 좋은데 단 하나 친구가 없어 외롭다는 말을 덧붙였다. 집이 크니 우리 가족을 데려다가 같이 살면 좋겠다고 안타까워한다. 말만 미국이지 카톡에, 무료 화상통화에 우리는 이웃에 사는 친구처럼 자주 전화한다. 기도 제목이 생기면 전처럼 나누고 함께 기도하는 것도 잊지 않았다.

몇 년에 한 번 한국으로 다니러 오면 가까운 곳으로 여행을 같이 다니면서 변치 않는 우정을 과시했다. 차비만 준비하여 미국으로 오면 몇 달이고 먹여주고 구경시켜 주겠다며 꼭 한번 오리는 말에 혹해서 하나의 카드를 사용해 마일리지를 쌓았다. 이제는 갈 수 있으려나 싶어 마일리지를 확인하고 주머니를 계산하며 미국에 가보려고 애썼으나 역부족이었다. 그렇게 꿈꾸는 동안 17년이란 세월이 눈 깜빡할 사이에 지나갔다. 언제 이리 흘렀나 깜짝 놀라며 지나간 세월을 손으로 꼽고 있는데 그녀가 한국에 다니러 왔다.

아이도 잘 키워 캐나다로 시집을 보냈고 믿고 갔던 동생이 병을 앓다가 세상을 떠나 미국에 더 살 이유가 없다며 이제는 고국에 돌아와 살고 싶다고 한다.

코로나가 창궐한 후 가만히 보니 외국인은 병원비가 비싸서 병원 가기가 무섭다고 한다. 몇 년을 살아도 영어는 낯설고 이웃의 친구들은 다 맞벌이였다. 주일이 되어 한인교회에 가야만 한국 사람을 만날 수 있으니 외롭기가 낙동강 오리알 같아 더는 그곳에 살고 싶지 않다고 한다. 몸이 아프니 남편이 지레 겁을 먹고 등을 밀다시피 하여 한국으로 보내더란다. 혼자 와서 이 주간 자가 격리를 하고, 다시 미국에 갔다가 오기 겁난다며 남편 혼자 이삿짐을 꾸리라고 해야 하나, 머리를 싸매고 고민한다.

결론은 한국 사람은 한국에 살아야 한다는 것이다. 몇 달 여행은 좋지만, 이민은 많은 용기와 결단이 필요하다는 것이다. 향수병에 몸도 약해지고 나이가 드니 돌아오려고 결심했다. 공기도 공항에 내릴 때 벌써 다르다고 한다. 그립던 고국의 냄새이리라.

그녀는 지금 미국에 가서 집을 팔고 한국에 올 준비를 하고 있다. 모든 일이 순조롭게 진행되어 드디어 오월 말쯤에 고국으로 영원히 돌아온다.

미국 가서 몇 달간 살아 보자던 내 꿈은 부서졌지만, 친구네가 다시 고국으로 돌아온다니 내 노년이 외롭지 않을 것 같은 생각에 가슴이 벅차다.

그녀가 한국에 오면 두 부부가 우리나라 금수강산을 두루 다니며 대한민국이 최고라고 엄지척을 할 것이다.

이 땅에 천국을 이루며 그녀와 손잡고 찬양하리라. 우리 인연은 이번 생에 기도 친구로만 끝나는 것이 아니라 천국까지도 이어지리라고 믿으며 기뻐하고 있다.

두리안

 동남아 여행의 매력 중 하나는 그곳 과일을 제철에, 제맛을 느끼며 먹을 수 있다는 것이다. 태국에 갔을 때 망고스틴 맛에 반해서 밤에 호텔로 돌아올 때마다 사 와서 먹었다. 남으면 아침에 먹고 다음 날 또 샀다. 그처럼 맛있는 과일은 처음 먹어 본 듯하다.
 베트남에서는 두리안에 도전해 보기로 했다. 우리 일행 7명은 시장에서 두리안 4kg을 샀다. 두리안은 살찐 도깨비방망이처럼 생겼다. 럭비공 크기만 한 것이 뾰족뾰족 두꺼운 가시가 몸에 나 있어 몽둥이나 흉기 같아 만지기 두려웠고 껍질을 벗기지 않아도 냄새가 진동했다.
 가이드는 독한 냄새 때문에 숙소에 가지고 갈 수 없다고 한다. 호텔 앞 바닷가에서 먹으려고 했는데 일정을 끝내고 돌아오니 비가 왔다. 바람까지 세게 불어 바닷가에 나가기가 어렵게 되었다. 궁여지책으로 베란다에서 먹기로 하고 007 작전처럼 두리안을 나누어 감추고는 재빠르게 호텔로 침투하듯 뛰어 들어갔다.

싱글 침대가 있는 방은 베란다가 없고 더블 침대가 있는 방에만 베란다가 있었다. 내가 묵는 방에서 먹기로 정했다. 두리안을 파는 분이 잘라서 스티로폼 팩에 담아 주어 우리는 먹기만 하면 되었다. 나는 처음 먹는 맛이라 연애할 때처럼 마음이 설레었다.

먹어본 적이 있다는 사람이 베란다에 나가서 방 사이의 문을 닫고는 너무 맛있다며 감탄을 쏟아내서 나도 나가서 하나를 집어 들었다. 모양이 미색의 쌍 태아가 서로 마주 보며 누워있는 듯하다. 냄새가 무서워 손으로 만지지 않고 숟가락으로 떠먹었는데 맛이 이상했다. 느끼하면서 양파 냄새가 나고 미끈거리고 달콤하기도 하며 구릿한 데다 쌉쌀한 맛도 약간 있었다. 지옥의 냄새와 천국의 맛이라고 들었는데 천국의 맛은 아니네 했더니 일행 중 한 분이 먹으면 먹을수록 그 맛이 달라진다고 한다.

맛 도전에 포기한 분이 있어 두리안이 많이 남았다. 다음 날 아침에 다시 먹기로 하고 각자 방으로 갔다. 배웅하러 나갔더니 복도에도 냄새가 많이 배어 있다. 복도 창문, 베란다 문도 열고는 한 시간 정도 이불을 뒤집어쓰고 있었다.

다음 날 아침 일찍 다시 두리안을 먹기로 하고 몇 명이 베란다에 모였다. 나는 마지막 기회일지도 모른다 싶어 팩 하나를 얼른 집어 들었다. 양파와 감자샐러드 같기도 하고 참외의 달콤함도 느껴졌다. 버터 같은 느낌도 있어 빵에 발라 먹어도 될 것 같았다. 어젯밤에 먹었던 맛하고는 전혀 달랐다. 밤새 숙성이 된 것인지 먹을수록 맛있다는 원리 때문인지 고약한 냄새는 어디로 가고 향긋한 향과 달콤한 맛이 느껴졌다. 씹기도 전에 목으로 스르르 넘어갔다. 뭔가 묘한 느낌이 들고 신기할 정도로 더 먹고 싶어지는 맛이었다.

지인도 그랬다. 첫인상이 뾰족해 가까이 가면 찔릴 것 같았다. 나는 쉽게 다가서지 못하고 주위만 빙글빙글 돌다가 그녀의 참된 모습을 보고 반한 적이 있다. 노환인 시어머니를 지극정성으로 모신다는 소문을 듣고 그녀 집을 찾아갔다. 깔끔하게 정리된 방이 눈길을 끌었다. 그녀는 정중하고 사랑이 넘치는 어투로 사근사근 마치 아기를 돌보듯 조심스럽고 상냥하게 어머니를 대했다.

그 후로 마음을 주고 사귀게 되었는데 알면 알수록 그 진실한 모습이 드러나서 나는 홀딱 반했다. 목소리는 조금 칼칼한데 상담학을 공부해서 그런지 상대의 말을 진중하게 들었다. 아픈 마음을 꿰뚫어 봤으며 대답은 직선적이 아닌 우회적으로 비유를 들어 이해시켰다. 누구에게나 똑같이 대하는 마음은 한결같이 진실하다.

남편에게 대하는 태도도 경박하지 않고 정중하며 아직도 존댓말을 하고 있다.

  남의 단점을 보면 그럴 수밖에 없는 이유를 찾아 이해하고 치유해 주려는 마음으로 접근하는 모습이 천사처럼 곱다.

  우리는 절친한 사이가 되어 사진 동아리에서 함께 활동하고 여행도 같이했다. 한방을 쓰게 되었는데 나보다 어린데도 언니가 동생을 보살피듯 여러모로 세심하게 배려해준다. 이야기를 나누다 보니 혼자 사는 시동생이 있어 김장은 물론이고 반찬도 가끔 해 준다고 한다. 요즘 세상에 드물게 돋보이는 마음 씀씀이다. 그녀의 향긋한 냄새가 두리안의 고약한 냄새와는 전혀 다르지만 맛에서는 많이 닮았다.

  밤에 두리안 나무 아래서 연애하면 안 된다는 속담이 있다고 한다. 두리안은 밤에 떨어지나 보다. 가시 달린 무거운 것을 머리에 맞았다고 상상해 보면 온몸이 가시에 찔린 듯 뜨끔하다.

  두리안을 재배하는 국가는 말레이시아, 태국, 베트남, 인도네시아 등 동남아시아 국가로 그중 가장 많이 생산하고 수출하는 나라는 태국이다.

  '두리'는 말레이어로 가시를 뜻한다는데 두리안이란 말의 유래처럼 원산지는 말레이시아 근처로 알려져 있다. 1년 평균 습도가 60% 이상이어야 하고, 섭씨 30도를 넘어야만 열매 맺기가 가능하단다. 종류도 무려 300여 종에 이를 정도로 다양하고 맛도 가지각색이지만 모든 두리안이 가지고 있는 변하지 않는 특징은 지독한 냄새라 한다.

두리안 파는 분이 우리를 보고 웃으며 '아빠 좋아, 엄마 좋아.'라고 했는데 실제로 남자들의 정력과 임산부에게 좋다고 한다. 두리안은 허약체질의 에너지 보충, 초콜릿보다 빠른 흡수속도, 고혈압을 예방해주고 몸속의 나트륨과 나쁜 독성물질을 배출하도록 돕는다. 또한 식이섬유가 풍부하게 들어 있어 내장을 깨끗하게 해 주고 위벽을 보호해 주기도 한단다.

호랑이가 몸을 다치거나 쇠약해졌을 때 찾아서 먹을 만큼 영양이나 효능이 좋다는 것도 과학자들에 의해 밝혀졌다고 한다.

두리안에 도전하는 사람들에게 농담 반 진담 반으로 말해 주는 것이 있단다.

'처음 먹으면 토하고 두 번째 먹으면 냄새를 참을 수 있고 세 번째 먹으면 중독된다.' '두리안에 빠지면 아들도 팔아먹는다.' '부자가 되려면 두리안을 먹지 마라.' 이렇게 많은 이야기를 품고 있는 특이한 과일이기도 하다. 다음에 다시 동남아로 여행하게 된다면 한 번 더 도전하여 두리안의 또 다른 맛을 느껴보고 싶다.

양파를 까면 깔수록 더 예쁜 모습이 나오듯 친구가 된 그녀도 보면 볼수록 아름다운 마음씨가 몽글몽글 배어 나온다.

동백꽃

길지 않은 나그네 인생길에도 어려움은 찾아온다. 대개 건강 문제로, 혹은 돈 문제로, 어느 때는 인간관계로 힘든 시기를 맞는다. 나도 예외는 아니어서 경제문제로 어려웠던 시절이 있었다. 지금 생각하면 별것 아닌듯하나 당시에는 자다가도 벌떡 일어나 가슴을 칠만큼 힘들고 고통스러웠던 날들이었다.

조합 주택을 한다고 살던 집을 팔아 돈을 냈는데 사기를 당하여 한 푼도 건지지 못하고 말았다. 밥을 먹어도 무슨 맛인지 모르겠고, 길을 가다가도 내가 어디를 가는 거지? 하며 한참을 생각에 잠기는 생활이 이어졌다. 웃음이 사라지고 한숨만 나왔다. 이런 나를 보다 못한 친구 부부가 여행이나 같이하자고 한다. 아무 데도 가고 싶지 않았지만, 친구 강요에 끌려가다시피 떠났다. 거제와 통영을 한 바퀴 돌고 우리는 거제에 있는 지심도에 가서 하룻밤 묵기로 하였다.

섬에 도착하니 민박집 주인들이 작은 트랙터를 타고 와서 자기 집으로 가면 짐을 싣고 간다고 한다. 우리는 참하고 깔끔하게 보이는 아주머니에게 가지고 온 짐을 맡겼다. 저녁도 해 준다기에 부탁하고는 섬을 한 바퀴 돌았다.

지심도는 거제도 오른편에 자리 잡은 조그마한 섬이다. 하늘에서 내려다보면 마음 心 자를 닮았다고 한다. 남해의 다른 섬보다 수령이 오래된 동백나무와 묘목이 월등히 많아 동백섬이라고도 불린다. 사람이 많이 드나들지 않아 원시림 같으면서 경상도에서 가장 걷기 좋은 길이라 이곳을 여행지로 택했다고 친구 부부는 말한다. 섬 전체의 70%가 동백나무라는 말처럼 이른 봄인데도 동백꽃이 활짝 피어 있었다. 두 사람이 팔을 벌려야 안을 수 있는 큰 나무들이 빨간빛을 발하며 환하게 피어 있다. 동백꽃은 가슴 가득 행복으로 물들게 했다.

우리는 오솔길을 따라 섬을 한 바퀴 돌았다. 동백 숲을 지나자 하늘로 쭉쭉 뻗은 대나무 숲이 이어지고 그 끝에 전망대가 있었다. 우리는 지심도 바다를 내려다보며 감탄을 자아냈다. 말 그대로 한 폭의 수채화다. 두 시간여를 걸었다. 사람 손이 닿지 않은 원시림은 풍광이 시원하고 공기도 상큼하여 세상의 걱정을 다 밀어내고도 남았다. 거닐다 보니 가슴을 옥죄던 답답함이 뻥 뚫렸다. 절벽 밑에서 낚시하는 사람들이 드문드문 보였다. 우리도 내일 낚시를 해 보자고 말하며 민박집을 찾았다. 아주머니는 어느새 저녁상을 차리고 있었는데 산나물, 빈대떡에 막걸리도 한 병 준비해 놓았다.

 손님은 우리밖에 없었으므로 아주머니와 금방 친해져서 혼자 계신 아주머니에게 같이 저녁을 먹자고 하였다. 막걸리를 한 잔씩 나누고 서로 통성명이 이어졌다. 이 이야기 저 이야기 하다 보니 아주머니가 통영 사람이 아닌 서울 토박이였다. 어떻게 이곳까지 왔느냐고 관심을 보이자 아주머니는 막걸리를 한잔 쭉 들이켰다. 긴 한숨과 함께 슬픈 사연이 술술 풀린다.

 그녀는 서울에서 결혼도 하고 행복하게 몇 년을 살았으나 아기가 없었다. 자기만 사랑해 줄 것 같았던 남편은 아기가 없자, 시어머니의 성화에 못 이겨 기어이 다른 여자에게 눈을 돌렸다. 아기를 낳자 노골적으로 괄시하며 이혼을 강요하였다. 그녀는 이혼서류에 도장을 찍고 집을 나섰으나 친정으로 갈 수도 없고, 찾아갈 친구조차 없어 차라리 죽자고 마음먹었다. 죽을 자리를 찾아 이리저리 다니다 이곳까지 오게 되었다고 한다.

 사람도 없고 한적하여 이곳이 딱 맞다 싶어 튼튼한 나무를 찾아 목을 매려는 순간 저 모퉁이에서 반짝거리는 빨갛고 환한 빛을 보았다고 한다. 2월이 다 지나지 않은 추운 날이었다. 빨간빛이 강렬하게 그녀의 시선을 끌어당기더니 이리 오라고 손짓을 하는 것 같았다. 강한 호기심에 이끌려 그녀는 목매려던 손을 풀고 자기도 모르게 그곳으로 향했다. 가까이 가서 보니 그것은 동백꽃이었다. 딱 한 송이가 피어 있었는데 그 빛깔이 진분홍 같기도 하고 핏빛 같기도 했다. 어찌나 고왔는지 가슴을 한 대 얻어맞은 것처럼 숨쉬기가 어려웠다고 한다.

동백꽃이 말하는 것 같았다고 한다. 이 세상에 죽을 만큼의 고통은 없으며 생은 나처럼 아름다운 것이다. 나도 이 추운 겨울을 이곳에서 버티었다가 꽃을 피웠는데 너는 왜 버티지 못하느냐고 강렬한 빛으로 질책하는 것 같았다. 잎들도 반짝반짝 빛 내며 맞장구를 치고 있었다고 말한다.

그녀는 엉엉 울음을 터트렸고 살아야겠다는 의지가 샘솟아서 이장 집을 물어 찾아갔다. 사정 이야기를 하였더니 참 잘 참았다고 우리에게 시신 처리하는 고생을 안 시켜서 고맙다고 했다. 이장은 빈집을 보이며 이곳에서 살겠다면 집을 주겠다고 했단다. 집을 말끔히 청소하고 살다 보니 외롭기도 하고, 말동무도 필요하여 민박집을 차렸다. 어쩌다 자기 같은 사람이 오면 멘토가 되어 주겠다며 웃는다. 나는 같이 울고 웃으면서 내가 당한 이 고통은 그녀에게 비하면 아무것도 아니구나 하며 위로받고 힘을 얻을 수 있었다. 죽음을 떠올릴 정도의 고통스러움을 다시 살겠다는 생각으로 받아들이는 순간, 가슴 벅찬 기쁨과 감격이 내 마음을 휘어 감았다.

다음날 낚시도구를 빌려 고기를 잡아 왔더니 매운탕을 끓여 주어 맛있게 먹고 돌아갈 채비를 하였다. 하룻밤에 만리장성을 쌓는다더니 정이 들어서 돌아서는 발걸음이 잘 떨어지지 않았다. 아직도 젊은데 외로워서 어쩌나, 좋은 분을 만나면 좋겠다고 생각했다. 내년에야 어찌 또 오겠냐마는 수년 내에 다시 올 테니 씩씩하게 살라면서 손을 흔들고 또 흔들며 작별하였다.

현실로 돌아온 나는 재기하려는 몸부림에 그곳 일은 까맣게 잊었다. 가끔 생각이 나도 경제가 어렵다 보니 여행 갈 엄두도 못 내고 끝내는 동백섬을 전설의 섬처럼 잊어버리게 되었다.

몇십 년이 흐르는 동안 동백섬은 가지 못했다. 가끔 그녀에게 다시 가겠노라고 철석같이 한 약속만 생각났다. 생활이 안정되자 동백섬이 그리워졌다. 남편도 동백섬에 한 번 더 가봐야 할 텐데 하며 입버릇처럼 말하더니 회사 동기들 부부 모임에서 여행을 가자고 한다. 남편이 지심도랑 장사도가 어떠냐고 강력히 추천하여 드디어 다시 찾게 되었다. 갑자기 그녀가 궁금해졌다. 아직도 그곳에 있는지, 어떻게 살고 있는지.

지심도는 많이 변해 있었다. 십일만 평의 작은 섬에 인구가 삼십여 명뿐이니 한적하기는 마찬가지지만 지역주민들이 돈맛이 들었나 보다. 집집이 슈퍼 간판이나 구멍가게를 차려 놓고 막걸리를 팔며 음악을 크게 틀어 호객행위를 한다. 인심도 야박해져 예전에는 집도 그냥 남에게 주었다더니 지금은 화장실 좀 사용하자 해도 거절이다. 남편과 나는 섬에 오르자마자 일행과 떨어져 전에 갔던 민박집을 찾았다.

이십여 년만인데 얼굴을 기억할까 어떻게 변했을까 기대와 호기심으로 가득했다. 그렇지만 예전의 그 집은 없어지고, 개조하여 현대화된 민박집이 들어서 있었다. 사람을 찾아보았으나

경쾌한 초록별　*79*

어디로 갔는지 아무도 없었다. 집 앞 큰 동백나무만 여전히 우뚝 서서 몇 송이 핏빛 붉은 꽃을 피우고 있었다. 마치 마중이라도 나온 듯 그녀의 웃는 모습이 떠올랐다.

우리는 그 섬에 한 시간 사십 분밖에 머물 수 없어 더 물어보거나 찾아볼 시간이 없었다. 허둥지둥 일행에게 돌아오면서 후회가 되었다. 진작 한번 찾아올 것을. 우리가 어려울 때 위로를 주고 용기를 주었던 분인데 참 무심했구나 싶다.

지금 어디에서 살고 있는지, 좋은 분 만나서 행복하게 살고 있는지, 오는 사람들에게 좋은 일 하려고 애쓴다더니 지금도 힘든 사람들을 만나면 자신의 이야기를 들려주면서 다시 용기를 주고 있는지, 궁금한 마음만 남겨두고 돌아섰다.

섬이 시야에서 사라질 때까지 동백꽃은 붉은빛으로 주변을 밝혀 주고 있었다. 어디선가 그녀가 서서 우리를 향해 미소를 보내는 것처럼.

천 원짜리 점심

시니어 일자리는 아홉 시 시작인데 홍씨는 아침 일찍 집을 나섰다. 일하는 곳 바로 옆 복지관에서 점심 티켓을 사기 위해서다.

이십 분 거리인데 부지런히 걷는다. 혹시 사람들의 줄이 길게 늘어서 있을까 해서다. 아니나 다를까, 복지관 앞에는 긴 줄이 늘어서 있어 기다리자면 삼십 분은 족히 걸릴 것 같다. 여덟 시부터 표를 판다는데 한 시간 전부터 줄이 길다. 집에서는 라면이나 누룽지로 점심을 때우지만, 일하러 오는 날은 싸고 반찬도 좋은 이곳에서 먹는다.

할아버지들이 무표정한 모습으로 줄을 서 있다. 부인이 없는 사람들인가. 할머니들도 있는데 모두 혼자 사는 사람들인지. 요즘 경제가 어렵다는데 집에서 굶는 사람들도 있을까 궁금하다.

몸이 아픈 사람들은 오지 못하니 이런 좋은 혜택도 받지 못할 것이다. 지금은 복지가 잘 되어 있어 노인들이 혜택을 많이 받으니까 그런 사람들은 찾아가는 복지로 혜택을 받고 있을지도 모르겠다.

요즘 웬만한 점심 먹으려면 이만 원은 주어야 하고 더 좋은 것은 삼만 오천 원 정도 한다고 며늘애가 말한 게 생각났다. 네 남편은 힘들게 일하고 식당에서 점심 먹는데 너는 모임에 나가서 비싼 밥을 사 먹냐고 호통을 치고 싶지만 차마 입 밖으로 내지는 못했다. 홍씨가 이렇게 천 원짜리 밥을 먹으려고 줄 서 있는 것을 본다면 며늘애는 어떤 생각을 할까.

생활이야 이렇게 저렇게 꾸려 나가지만 품위유지비가 아쉽고 집에서 놀기도 무료하여 시니어복지관에 가서 일자리를 신청하였더니 지금의 일자리를 주었다. 단순노동으로 힘은 많이 안 들지만, 가끔 후배를 만나게 되어 곤혹스럽다.

"아니 형님 여기서 뭐 하십니까? 봉사하십니까? 저는 삼 층에 운동하러 왔습니다."

후배가 더 당황하며 얼른 엘리베이터를 타고 도망치듯 한다.

홍씨 자신도 이렇게 시간제 일을 동냥하며 다닐 줄은 상상도 못 했다. 후배에게도 당당해야 할 텐데 왜 주눅이 들었을까. 일하는 나를 자랑스러워해야 할 텐데 말이다. 이런저런 생각으로 삼십 분쯤 기다리니 홍씨 차례가 왔다. 복지관 회원증과 천 원을 놓으니 전산이 고장이라며 돈을 다시 돌려준다. 천 원이지만 다시 돌려받으니 기분이 좋다. 감사하다고 말하니 내일은 받는다고 하며 웃는다.

점심 표는 407번. 매일 460번까지만 끊는다는데 조금만 늦게 왔으면 표를 얻지 못할 뻔 했다.

전산이 고장 났으면 대기표 주면서 돈을 받으면 될 텐데 왜 돈을 안 받는 걸까? 혹시 부정이 생길까 그러나? 돈이 많이 들 텐데 천 원도 안 받으면 어떻게 하지? 걱정하며 일자리로 걸음을 옮겼다.

12시에 일을 마치고 부지런히 올라가니 이미 많은 사람이 밥을 먹고 있다. 조금 기다리다가 420번까지 들어오라는 방송을 듣고 들어가 식판을 들었다. 어제는 조밥에 미역국과 돼지불고기를 주더니, 오늘은 잡곡밥에 들깨탕, 김치와 계란찜과 오이무침이다. 간도 적당하고 맛이 있다. 감사한 마음으로 밥 한 톨 안 남기고 먹는다.

옆에 앉은 남자끼리 이야기하는 소리가 들린다. 어제는 서울로 원정 갔다 왔다고 하면서 점심을 공짜로 주고 전철도 공짜라고 했다. 전철을 세 번이나 갈아타야 해서 이제 피곤해 못 가겠다고 한다.

감사하게도 이곳저곳에서 무료 점심이나 천 원 점심으로 하는 봉사가 많다. 영락교회도 무료다. 반찬도 좋고 질서도 정연하여 많은 사람이 오지만 오래 기다리지 않고 밥을 먹을 수 있다고 한다.

살기 어려워진 것이 틀림없나 보다. 요즘은 날씨가 추워져서 8시에 가도 표를 받을 수 있다. 여름에는 새벽부터 와서 줄을 서는데도 사람이 많아 460번 마감이 한 시간에 이루어진다고 한다.

편의점에는 학생들을 겨냥한 삼천 원 도시락이 날개 달린 듯 팔리고 대학교 구내식당에는 천 원짜리 아침이 시험 기간이면 줄을 잇는다고 한다.

고물가시대에 천 원의 점심은 확실히 구미가 당긴다. 내일은 아내도 같이 와서 먹으면 어떨까 생각하며 홍씨는 불룩해진 배를 내밀며 다 먹은 식판을 들고 일어선다.

일 층에 백 원짜리 커피도 있으니 한 잔 빼 먹어야겠다고 중얼거리면서.

그림자처럼

 초등학교 1학년생인 첫 손주와 이제 20개월 된 둘째 손주는 6년 차이가 난다. 동생을 향한 사랑이 유별나서 마치 자기가 아버지라도 되는 것처럼 보살피는데 든든하기도 하고 대견하기도 하다. 동생이라면 무조건 양보하고, 입에 넣었던 것도 달라고 하면 꺼내 준다. 작은놈을 야단치기라도 하면 눈물이 앞선다. 동생을 안아주며 아기인데 왜 그러냐고 할머니에게 항의도 한다. 놀이터에서도 동생을 잘 보살펴 둘이 같이 있으면 마음 놓고 이웃과 이야기할 정도이다.
 이런 마음을 알아서인지 동생도 형을 좋아하는데 그 정도가 유별하다. 형이 학교에서 오면 그 순간부터 졸졸 따라다닌다. 화장실을 가도 따라가고 노래하면 옆에 서서 입을 벙긋하고, 춤을 추면 그 뒤에 서서 따라 하는 것이 꼭 그림자 같다.

물도 형 따라 마시고, 밥 먹을 때도 옆에 앉아 형이 먹는 반찬만 집어 먹는다. 밥을 안 먹으려고 할 때는 형 한입, 동생 한입 하며 먹이면 잘 먹는다. 책을 봐도 같이 앉아서 보고 텔레비전을 켜면 쪼르르 달려와 옆에 앉고 과자를 먹으면 형에게 하나 집어 준 후에 자기가 먹는다. 잠잘 때가 문제다. 동생은 엄마 방에서 잔다. 형이랑 헤어지는 게 싫어 형 침대에 누워 잠들었을 때 안아 가거나, 빠이빠이 하며 뽀뽀를 요란히 한 후에 엄마 방으로 데려가기도 한다.

모든 것을 동생에게 양보하지만 딱 한 가지 안 하는 게 있는데 게임을 할 때다. 텔레비전에 게임을 연결해서 하다가 동생이 오면 바로 소파로 올라가서 손이 못 닿게 한다. 아가는 예쁜 두 손을 내밀고 '주세요' 하고 달라는 시늉을 하고, 형은 못 본 척 외면한다. 그러면 아기는 울고불고 야단이다. 할머니는 형이 양보하라고 소리치고, 엄마는 형 편을 들며 패가 갈린다. 형제의 의가 깨지려는 순간 엄마가 슬그머니 타협안을 제시한다.

"동생이 낮잠 잘 때나 아빠랑 재미있게 놀고 있을 때 하면 어때? 그때는 엄마랑 같이 게임을 하자."

큰놈은 아쉬운 표정으로 어쩔 수 없이 게임기를 접는다. 이번에도 동생에게 양보한 셈이다.

"이럴 때는 동생이 밉지?"

내가 거들라치면

"아기니까 그렇지. 할머니는 그것도 몰라?"

하며 오히려 동생 편을 든다.

나는 언니와 세 살 터울이었다. 위로 오빠가 있고 언니가 있으니 내가 막내다. 어렸을 때 많이 싸웠던 기억이 난다. 엄마는 무조건 내 편이었고 오빠도 내 편만 들어 주었으므로 싸움 후엔 언제나 언니가 울고 나는 오빠 무릎에서 언니를 약 올리곤 했다.

어머니가 돌아가시고 일찍 철이 든 나는 그때부터 언니를 챙기기 시작했다. 옷을 사도 내가 골라 주고 어디를 가도 내가 앞장을 섰다. 언니는 늘 내가 하자는 대로 했다. 내가 잘나서 언니가 따라 한 줄 알았는데 세월이 지나고 보니 그것이 바로 언니의 배려라는 걸 깨달았다.

집안이 기우니까 언니는 입 하나라도 덜자는 생각이었는지 시골로 일찍 시집을 갔다. 언니가 보고 싶어 어렵게 한번 찾아갔을 때 시집살이가 힘들어 보여 다시 가지 않았다. 또 나는 나대로 고생하며 학교에 다녔으므로 왕래가 한참 없었다.

세월이 흐른 후 만나기 시작하였는데, 지금도 언니는 동생 보고 싶었다며 먼저 전화한다. 엄마의 그림자가 되어 나를 덮으려 했는데, 나는 나 잘난척하며 그 그림자를 벗어나려고 했었다는 걸 깨닫게 되었다.

오빠도 하늘나라에 가고 형제라고는 우리 둘뿐이다. 나는 멀리 살고 손주에게 묶여 있다 보니 자주 만나지 못한다. 또다시 이웃사촌만도 못하게 지내는 것이다. 언니는 농사를 조금 짓는

경쾌한 초록별

데, 가을이면 감자, 마늘, 고추, 들깨 등을 조금씩 넣어 내게 택배로 부치고 잘 받았냐고 확인 전화를 한다.

고마운 마음에 이번 가을에는 단풍놀이도 갈 겸 한번 간다고. 말했더니, 정읍에 사는 언니는 다음날로 내장산에 단풍이 언제 드는지 확인하러 갔다.

"동생아 이 주 정도 있다가 오면 단풍이 고울 테니 그때 애들 데리고 와."

하며 전화를 한다.

언니는 휴대전화가 없고 집 전화만 있다. 아침 일찍 전화하지 않으면 통화가 어렵다. 낮에는 주로 밭에 가 있더니, 요즘은 또 나라에서 주는 일자리에 다닌다고 하니 집으로 전화해도 통화가 되지 않는다.

요즘은 형부가 몸이 아파 요양원에 있어 그곳에도 다녀야 한다. 정읍에서도 한 시간 넘게 버스 타야 갈 수 있는 시골이라 한번 찾아가려면 여간 불편한 게 아니다. 차를 가져가지 않는 한 버스도 한참 기다려야 한다.

언니는 그런 곳에 살고 있지만, 교통이 불편하다고 불평하는 걸 들어 본 적이 없다. 그저 묵묵히 먼 길을 버스를 타고 남편이 있는 요양원에 가던가, 기차를 타고 서울에 있는 딸 집이랑 아들 집을 다녀간다. 우리끼리 살 때는 형부랑 언니가 아들 집에 다니러 오면서 우리 집에서도 하루 이틀 묵어갔다. 지금은 우리 집이 대가족으로 복잡한 걸 안 뒤로는 우리 보고만 놀러 오라고 한다.

 손주들이 거실을 뛰어다니며 놀고 있다. 아직 말을 잘 못 해서 엉아 소리만 하고 쫓아다니는데 숨바꼭질하자고 한다. 할머니가 술래가 되면 아기는 형 손을 꼭 잡고 숨기에 바쁘다. 뛰어가다가 넘어져서 울면 형은 일으켜 주고 토닥이며 안타까워 어쩔 줄 몰라 한다.

 저게 형이구나! 동생을 사랑하고 아껴주고 돌보아 주는 것, 먹을 것이 있으면 동생 입에 먼저 넣어 주고 아끼는 장난감도 양보하며 텔레비전 프로도 동생이 좋아하는 걸 틀어주는 마음 씀씀이. 동생은 형의 그림자가 되어 쫓아다닌다.

 손주들을 보니 나도 언니가 그립다. 형만 한 동생 있냐는 속담이 가슴을 후벼판다. 이제는 언니와 남처럼 살아서는 안 되겠다. 이번 가을에는 아무리 멀어도 언니에게 꼭 가야겠다. 나도 언니의 그림자가 되어 하루만이라도 알록달록 물드는 단풍 물결에 마음 적셔가며 같이 웃고 수다 떨며 재미있게 지내고 싶다.

 눈물이 날 만큼 언니가 그리운 저녁이다.

노루귀

바람꽃, 복수초와 함께 제일 먼저 봄을 알리는 노루귀는 꽃 모양이 엄지공주처럼 작고 예쁘다. 꽃대에 난 작은 은색 털이 햇볕에 반사되어 반짝거리면 그 모습이 앙증스럽기도 하고 귀엽기도 하다. 한참 보고 있으면 가냘파 불쌍한 마음마저 든다.

키가 작아서 앞만 보고 가는 사람들은 볼 수 없는 꽃이다. 가끔은 아래도 살피고 가야 곱디고운 색감의 작은 꽃들을 관찰할 수 있다. 하얀 털을 뒤집어쓰고 꽃대가 나오면 잎처럼 보이던 것이 꽃으로 피어나고, 그 꽃이 질 무렵 잎이 나온다. 도르르 말려 있는 여섯 장의 잎이 세 갈래로 나누어지는데 토끼풀의 잎과 비슷하며 털이 돋은 잎이 나오는 모습이 영락없는 노루귀다.

전국적으로 자생한다고 하며 백색, 분홍색, 연분홍색, 보라색, 연보라색, 붉은색 등 다양하며 겹꽃인 경우도 있다.

노루귀의 꽃말은 위로, 인내이다. 겨우내 추운 곳에서 지내다가 날씨도 추운 이른 봄에 올라오니 꽃말처럼 인내가 필요한 꽃이다.

안양에는 수리산 뒷자락에 가면 군락지가 있는데 어떻게 사람들이 알았는지 봄만 되면 사진 찍으려는 사람들로 가득하다.

수리산 가까이에 살아서 봄이면 두 번 이상은 산을 오른다. 그때 만나는 노루귀는 안쓰럽고 사랑스럽다. 그 군락지 전체를 떼어다가 다른 어느 곳, 사람들이 알지 못하는 곳에 옮기고 싶다. 사람들이 북적거리며 아직 나오지 못한 노루귀를 밟거나 또 삽으로 뭉텅 떠서 자기네 집으로 가져가기 때문이다.

어떤 이들은 낙엽을 들쳐 꽃이 피어 있는 걸 찍고는 그냥 가버려서 새벽 서리에 얼어 죽고는 한다.

이른 봄, 땅속에서 고개를 쏙 내미는 노루귀. 쌩쌩 부는 바람에도 용감하게 낙엽 이불 들추고 몽우리 올려 해님을 찾는다. 가냘픈 꽃대를 세우고 넘어질 듯 기우뚱거려도 결국에는 나보란 듯이 꼿꼿하다. 온 가족이 서 있거나 혼자라도 굳게 피어나는 꽃을 보면서 나는 복례를 떠올리곤 한다.

그녀는 태어날 때부터 몸이 약해 집안의 걱정거리였다. 행여 잘못될까 염려하여 좋다는 약은 다 먹여도 눈에 띄게 좋아지지 않았다. 학교 다닐 때는 친구들이 책가방을 들어다 주고 집에 와서도 눕기를 좋아해서 부모가 공부하라는 말은 아예 하지 않았다. 그냥 학교만 왔다 갔다 해도 기특하게 생각했다. 그녀는 조금씩 키가 자랐다. 책 읽기를 좋아하여 가방에 공부하는 책 말고도 동화책이 항상 있었다.

그녀의 미소는 남달랐다. 사람의 마음을 잡아당기는 마성이 있다고나 할까. 한번 그녀의 미소를 접해 본 사람은 남녀노소를 막론하고 말을 걸어 보거나 친절을 베풀고 싶어 한다.

건강도 약하거니와 집안도 가난하여 중학교는 가지 못하고 집안에서 작은 일들만 거들던 그녀를 도시에 사는 이모가 데리고 갔다. 양딸처럼, 때로는 집안일을 시키는 식모처럼 살림시키면서 공부도 시켰다. 큰 병원에도 데리고 다니며 약을 먹였으나 건강은 크게 좋아지지 않았다.

나이가 들자 그녀에게 걸맞은 신랑감을 찾아 혼인했다. 그 약한 몸에 어디 그런 힘이 있었는지 아이를 둘이나 낳았다. 한들한들 커가던 그녀가 보란 듯이 한 가족을 이룬 것이다. 그녀는 착하고 잘 웃어서 시어머니에게도 귀여움을 받았다. 이웃 사람들도 진심으로 그녀를 좋아하여 김장할 때는 달려들어 힘껏 도와주고는 한다.

인내와 위로를 다 가지고 있는 그녀는 아이들 뒷바라지하며 남편 일에도 정성을 다한다. 아직도 아프고 가냘프지만 쓰러지지 않고 열심히 살아가고 있다.

노루귀도 연약해 보이지만 눈이 오나 비바람이 불어 쓰러질 듯해도 햇볕만 들면 숙였던 고개를 빳빳하게 든다. 예쁘기가 인기 연예인 뺨칠 정도고 연약한 가지의 잔털이 매력적이어서 진

사들에게 인기 만점이다.

예쁜 노루귀를 사람들이 잘 지켰으면 좋겠다. 그래야 해마다 우리 곁에 피어서 보는 이들을 행복하게 해 줄 것이 아닌가.

인근에 있는 변산바람꽃 군락지는 봄이 되면 출입금지 푯말을 걸어놓고 보호한다. 노루귀 있는 곳도 이대로 가다가는 출입금지 지역으로 지정되지 않을까.

추운 날씨에도 우리를 만나려고 연하디연한 몸을 이끌고 올라오는데 우리는 사진 찍기에만 바빠 노루귀를 짓밟는 줄도 모른다.

매년 그 자리에 똑같은 자태로 우뚝 서는 노루귀를 보며 나는 인내와 위로를 배운다. 노루귀를 사랑하여 해마다 봄이 되길 설레며 기다린다. 봄을 알려주는 예쁜 꽃, 영원한 친구이며 반려 꽃인 변함없는 노루귀여! 사랑하는 마음이 해마다 배가 되니 이 마음을 어찌할거나.

복례는 결혼 후에도 혼자된 이모 집에서 같이 살고 있다. 한번은 밥하다가 쓰러져 손을 많이 데었다. 병원에 가서 손가락을 수술하기도 했다. 그래도 여전히 밥을 하고 세탁기를 돌리며 씩씩하게 살고 있다.

아이들도 이제 다 커서 둘 다 공장에 취직하여 독립했다. 노루귀의 강한 생존력과 복례의 생활력이 많이 닮은 듯하여 볼 때마다 큰 박수로 응원한다.

비바람이 불어도, 따뜻한 햇살은 넉넉히 물리치며 살아갈 수 있는 에너지를 공급해 준다. 사람이나 식물이나 동물이거나 모두에게 한결같다.

사들에게 인기 만점이다.

  예쁜 노루귀를 사람들이 잘 지켰으면 좋겠다. 그래야 해마다 우리 곁에 피어서 보는 이들을 행복하게 해 줄 것이 아닌가.

  인근에 있는 변산바람꽃 군락지는 봄이 되면 출입금지 푯말을 걸어놓고 보호한다. 노루귀 있는 곳도 이대로 가다가는 출입금지 지역으로 지정되지 않을까.

  추운 날씨에도 우리를 만나려고 연하디연한 몸을 이끌고 올라오는데 우리는 사진 찍기에만 바빠 노루귀를 짓밟는 줄도 모른다.

  매년 그 자리에 똑같은 자태로 우뚝 서는 노루귀를 보며 나는 인내와 위로를 배운다. 노루귀를 사랑하여 해마다 봄이 되길 설레며 기다린다. 봄을 알려주는 예쁜 꽃, 영원한 친구이며 반려 꽃인 변함없는 노루귀여! 사랑하는 마음이 해마다 배가 되니 이 마음을 어찌할거나.

  복례는 결혼 후에도 혼자된 이모 집에서 같이 살고 있다. 한 번은 밥하다가 쓰러져 손을 많이 데었다. 병원에 가서 손가락을 수술하기도 했다. 그래도 여전히 밥을 하고 세탁기를 돌리며 씩씩하게 살고 있다.

  아이들도 이제 다 커서 둘 다 공장에 취직하여 독립했다. 노루귀의 강한 생존력과 복례의 생활력이 많이 닮은 듯하여 볼 때마다 큰 박수로 응원한다.

  비바람이 불어도, 따듯한 햇살은 넉넉히 물리치며 살아갈 수 있는 에너지를 공급해 준다. 사람이나 식물이나 동물이거나 모두에게 한결같다.

러블리 로즈

 사랑에 빠진 것이 분명하다. 그렇지 않고야 어찌 매일 찾을 수 있을까. 그 앞에 쭈그리고 앉아 시간 가는 줄도 모르고 쳐다보고 만져보고 미소를 지을 수 있을까. 틀림없이 사랑에 빠진 것이다.
 내가 그네들을 처음 본 것은 친구네 집이었다. 코비드 때문에 밖에 나갈 수 없어 집으로 친구를 초대해 놀고 있다면서 인사시켜 주겠다고 한다. 내 손을 잡아끌고 베란다로 나갔는데 빨간 옷과 초록 옷, 그리고 노란색 옷을 입은 아이들이 나를 보더니 활짝 웃는다.
 셀 수 없을 만큼 종류가 많아 명찰을 보아야 이름을 부를 수 있다면서 고개를 숙여 보라고 한다. 파랑새, 오팔리나, 릴리시나, 루돌프, 란대리, 파스텔, 홍미인, 라우이, 백봉, 연봉, 이름이 가지가지이듯 생김새도 하나하나 다 틀리고 개성이 있다.
 이름 한번 보고 얼굴 한번 쳐다보면서 나는 다육이에게 홀딱 반했다. 친구는 한번 빠지면 헤어 나올 수 없을 텐데 하며 몇 아이를 조심스레 박스에 담았다. 그러고는 다육이가 담긴 화분을 데려가라며 내 손에 들려준다. 적심해서 키운 애들과 잎꽂이 해서 키운 애들이란다.
 그렇게 다육을 향한 내 사랑은 시작되었다. 몇 아이로 만족하지 못하고 자꾸 데려와 늦게 배운 도적이 밤새는 줄 모른다는 꼴이 되었다.
 다육이 사랑하며 키우는 법, 오래도록 같이 사는 방법을 유튜브나 다육 선배에게서 배운다. 물은 한 달에 한 번이나 두 번 주어야 하며 공기가 잘 통하는 곳에 두어야 한다. 다육이는 햇볕, 통풍, 물이 필수다. 물은 자주 주면 안 된다고 배웠음에도 애들을 보면 물을 주고 싶어 손이 근질근질하다.
 어느새 모아온 친구들이 백이 넘고 이제는 자제할 때가 되었다고 생각할 때 만난 것이 러블리 로즈다. 이름처럼 장미 모양을 꼭 빼닮았다. 꽃잎이 마치 예쁜 사람 입술처럼 두툼한 게 한 잎 두 잎 차곡차곡 일곱 혹은 여덟 잎 붙여져 있다. 목이 길쭉하게 올라오며 가시가 없고 파란 잎이 안 달렸을 뿐 얼굴은 장미다.
 잎꽂이를 하면 거의 백 프로 성공하여 똑같은 인물을 만들 수 있단다. 나의 빈 화분은 어느새 러블리 로즈 잎으로 가득하다.

옆에 가면 장미 향이 느껴진다. 사랑하면 눈에 콩깍지가 씐다더니 러블리 로즈에 홀딱 빠진 나는 그 옆에 가기만 하면 향기로 행복한 마음이 된다.

지인 중에 다육이를 잘 키우는 사람이 둘 있는데 다육 생활 3년 차란다. A 지인은 다육이를 햇볕에 달구어서 얼굴을 작게 만들고 빨갛게 물들인다. 화분도 예쁘고 비싼 것으로 사서 다육이 인물을 더욱 돋보이게 하고 있다. 종류도 거의 이백 가지나 된다.

B 지인은 창 종류를 많이 키우고 큼직큼직하게 다육이들을 키우는데 그것도 아름답고 신선하다. 예쁜 애들이 보이면 사고 싶어서 망설이다가도 결국은 데려온다면서 불치병이라고 웃는다.

여름엔 무름병이라는 게 있어 멀쩡하다가도 하루아침에 잎이 무너져 내린다고 한다. 초보 다육맘으로 처음 여름을 맞는 나로서는 긴장이 될 수밖에 없다.

유튜브에 들어가면 여러 사람이 방을 만들어 키우는 법과 조심해야 할 것을 말해 준다. 그들은 시청자를 다육이 맘이라고 부른다. 그리고 다육이를 '이 아이는….' 하면서 사람처럼 지칭한다. 강아지를 키우면서 엄마라고 우리가 말하듯 다육이도 반려 식물로 우리 애들로 지칭하며, 흙을 밥이라고 하고 화분을 애들 집이라고 말한다.

키우기가 쉬운 거 같지만 의외로 까다롭고 예리한 관찰력이 필요하다. 살펴보다가 잎이 오므라들었으면 물을 줘야 하고, 어제와 다른 색깔을 띠고 있으면 얼른 화분을 뒤집어 줄기나 뿌리가 상했는지를 보아야 한다. 이상을 발견하면 잎을 따서 다른 화분에 잎꽂이하거나 얼굴을 자른다. 이것을 적심이라 하는데 자른 뒤엔 며칠 마르게 둔 뒤 화분에 심는다. 그것도 매의 눈으로 살펴야 발견하여 살릴 수 있지 자칫 늦게 발견하면 다 보내게 된다.

모든 것은 책임이 수반된다. 사랑하는 만큼 의무와 책임이 뒤따르는데 이쁘다고 사들여 놓고 보살펴 주지 않는다면, 강아지를 키우다 귀찮다고, 병들었다고 내다가 버리는 행위와 다를 바 없다.

법정 스님은 지인이 보내준 난초를 키우다가 마음이 빼앗기고 타지에 나가면 온통 난초 생각뿐이라 무소유와 해탈 차원에서 난을 버렸다고 한다.

내 생각은 좀 다르다. 반려견이 우리 곁에서 기쁨을 주듯, 반려 식물도 나에게 행복을 주니 백 개쯤 가졌다고 해서 죄스럽거나 마음이 무겁지 않다.

같이 살던 손주들이 분가해서 이사 간 후에 허전한 마음을 다육이들이 위로해주고 기쁘게 해 주고 있으니, 나도 정성을 다하여 보살펴 주고 한 놈도 보내지 않겠다고 다짐한다.

이제 제일 긴장된다는 장마가 시작이다. 습기를 싫어한다는데 선풍기라도 돌려서 말려 주어야겠다. 4개월 차를 맞는 새내기 맘의 사랑을 다육이들이 알아주고 잘 커 주기를 바라면서 오늘도 눈뜨자마자 베란다로 나가 아가들을 찾는다. 안녕 러블리 로즈야, 하며 인사도 한다.
"사랑스러운 러블리 로즈야. 내 곁에서 오래오래 살아줘."
반려견인 까미가 샘을 내며 베란다에 있는 나를 부른다.
"멍멍멍."

황홀한 연꽃

　말로 표현하기조차 힘든 여름이다. 악착같이 울던 매미도 더위에 지쳐 내빼고 가을을 알리는 귀뚜라미조차 놀라 숨었다.
　베란다에서 키우던 다육이들이 덥다고 아우성이다. 선풍기를 틀어 주었으나 무덥다는 표현으로는 모자라는 더위에 속수무책으로 쓰러져 빈 무덤의 화분이 쌓였다.
　다육맘 2년 차라고 단수도 하고 누런 잎은 따 주고 하였으나 자신만만하던 나를 비웃기라도 하듯 하나, 둘 무름병이 생겼다. 화분을 엎고 뿌리를 다듬어 옮겨 심어도 이겨내지 못하고 쓰러진다.
　다육이는 잎 자체가 꽃이다. 모양도 다양하고 실제로 피는 꽃은 양귀비처럼 예쁘다. 저마다 독특한 아름다움을 자랑하며 미스 다육은 나라고 뽐내더니 여름이 오자 색이 빠지기 시작한다.

무더위에 지친 백여 개의 다육이가 하나, 둘 죽으며 눈에 보이게 줄어들더니 빽빽하던 걸이 대가 휑하다.

남향이고 5층이라 웬만한 집은 빛이 잘 들어와 화초 키우기에 적당한데 우리 집 베란다 앞엔 소나무가 울창한 작은 산이 있어 일조량이 적다.

다육이는 햇빛과 통풍이 생명인데 그 조건을 이루어 주지 못해 살아남은 애들도 하나같이 색이 바랬다. 베란다가 온통 푸른 들판이다.

어느 지인은 와서 보더니 상추나 심어 먹지 무슨 헛수고냐고 혀를 끌끌 찬다. 꽃나무라도 옆에 두라고 위로랍시고 훈수를 하고 간다.

남편은 한 술 더 떠서 아직 더 많이 죽어야 한다고 불난 집에 부채질한다. 바람이 잘 들어와야 한다고 방충망까지 열어 놓으니 모기가 먼저 들어온다며 다육이들을 싫어하는 기색이 눈에 보인다.

나 역시 죽어 자빠지는 다육이에게 실망하고 지쳐서 키우던 것을 다 뽑아 버리고 싶은 충동도 일어난다.

작년에는 실외기 위에 큰 화분을 놓고 방울토마토를 키워 손주들이 오면 자랑하고 따서 먹이곤 했다. 그곳도 햇빛 좋다고 다육이에게 자리를 내준 것이 후회스럽기 그지없다.

실망스러움에 남은 다육이들은 쳐다보지도 않고 물도 안 주고 방관하였다. 될 대로 되라는 심정으로 애타던 마음을 무관심으로 무장했다.

시간이 지나니 다육이들이 궁금해졌다. 내팽개친 애들을 어찌해야 하나 내디디기 싫은 발을 베란다로 옮기니 아직 살아남은 애들이 '나를 봐주세요' 하는 듯 안간힘을 쓰고 있다.

그중에서도 황홀한 연꽃이라는 다육이는 지친 가운데에서도 푸르뎅뎅하던 잎이 빨간빛을 띠려고 한다. 팔불출이니 못난이니 하면서 구석에 밀어두었던 황홀한 연꽃, 무더운 여름 한 귀퉁이에서 살아남으려고 어지간히 안간힘을 쓴 것 같다. 밑의 잎들이 다 말라 낙엽처럼 되었다. 물을 안 주니 자기 살을 뜯어내며 견뎌온 것을 한눈에 알아볼 수가 있다. 그러면서도 붉은 물이 들기 시작했다. 가을 햇빛과 바람을 느꼈나 보다.

어제 문득 바람이 차지고 밤에 이불을 찾은 게 생각났다. 드디어 무더운 여름이 떠날 채비를 하는 것 같다. 다육이는 낮과 밤 기온 차가 10도 이상 되면 예쁜 색을 나타내며 자기 역할을 한다.

이제 다육이의 계절이 오나 보다. 붓으로 칠한 것처럼 빨간색으로 라인을 그리겠지. 잎 바깥쪽으로부터 붉어지기 시작해 온몸이 물들여지는 예쁜 꽃은 모양도 이름처럼 연꽃이고 색도 비슷하다.

그 옆에 있는 홍등은 몸통에서 빨간 새싹이 나온다. 어미는 더위에 지쳐 색이 누렇게 바랬는데 새싹은 빨갛고 예쁘다. 희망을 부여잡고 자세히 살피니 레드렌스도 붉은 기운을 띠우고 도

태랑, 큐피트, 유헨의 진주가 눈에 띄게 예뻐지고 있다.
 가을 편지다. 실망하고 지친 나에게 주는 가을 편지. 고진감래라는 어려운 단어를 쓰지 않아도 느낄 수 있는 고마움. 애썼다고 마음고생 많았다고 위로하며 내 마음을 안아주는 곱디고운 편지는 누가 보냈을까?
 다육이들도 내 마음을 안다는 듯 부슬비 속에 활짝 웃고 있다.

7 ELEVEN

우리 동네는 슈퍼 두 개가 있다. 하나는 삼거리 중앙에, 하나는 아파트 아래 상가 반지하에 자리 잡고 있다. 두부와 콩나물은 팔고 있지만, 채소는 없고 과일만 파는데 시장보다 비싸서 급할 때만 이용한다.

손주들이 그곳에서 껌이나 초콜릿, 아니면 장난감 사는 것을 좋아해서 들리다 보니 주인과 친해져 이야기를 나누게 되었다.

60대로 보이는데 주인은 부부가 교대로 가게를 지킨다. 어느 날 가게를 닫는다고 했다. 알고 보니 그 가게 옆에도 땅이 있어 세를 놓았는데 거기까지 다 헐어 상가 건물을 짓는다고 한다. 축하한다고 말하니 주인아주머니가 한숨을 쉬며 이 가게에서 20년을 버티며 고생했다고 한다. 나는 고생 끝에 낙이 오는 거라고 하면서 수고를 치하하며 기뻐했다.

뚝딱뚝딱 똑딱똑딱. 멋진 4층 건물이 금방 지어졌다. 상가 맨 위층에 살림방을 들이고, 삼층과 이층은 공부방으로 세를 줬다. 일층엔 카페와 음식점, 그리고 주인이 경영할 편의점이 들어섰다. 편의점 이름은 7-ELEVEN.

1988년에 설립되어 이듬해 5월 올림픽 선수촌 아파트 내에 처음으로 세븐 일레븐을 열었다고 한다. 꽤 오래된 편의점인데 나는 뒤늦게 알게 되었다. 편의점이 대세이니 슈퍼보다 낫겠다고 시작했단다. 가게주인 부부는 처음 진열할 때만 얼굴을 보였다. 낮에는 아들이, 저녁에는 알바생이 가게를 본다.

초등학생인 손주는 그곳에서 컵라면을 먹어보는 게 소원이라며 달려가고, 유치원에 다니는 둘째도 뭔가 특별한 게 있는지 본다며 눈을 반짝인다.

나는 편의점이 생기고 인사치레로 몇 번 드나들었더니 원 플러스 원으로 행사할 때 살짝 알려 준다. 달걀이나 아이스크림 등을 싸게 몇 번 샀다. 그 외에 내가 팔아 줄 거라고는 두부와 소프트아이스크림 정도다. 아이스크림은 달짝지근하면서 부드러워 이틀에 한 번은 사 먹는다.

공원이 근처에 있고 수리산이 있어 산이나 공원을 찾는 사람들이 손님의 대부분이다.

거의 젊은이들이다. 그들은 커피나 라면, 삼각김밥도 사 먹는다. 밤새도록 영업을 한다는데 과연 밤에도 손님이 있을까 궁금하다. 물어보니 요즘 젊은이들은 잠을 안 자는지 밤중에도 들락

거린다고 한다.

  삼거리 중앙에 있던 슈퍼도 문을 닫았다. 그러더니 뚝딱뚝딱 진열대를 놓고 "나도 편의점이요."하며 nice CU라는 간판을 내걸었다.

  가게 두 개가 없어지고 편의점 두 개가 짠 하고 나타났다. 이 동네도 구세대에서 신세대로 변하는 과정인가 보다.

  본사와 나누어 먹기라는데 상품 진열하기가 힘들고 남는 것은 반품이 되지 않지만, 인건비는 나온다고 한다. 메리트가 있는 사업인 것 같아 다행이다.

  또 GS25라는 편의점이 있다. 여기는 배우 김혜자의 봄이라는 팸플릿이 붙어있고 도시락을 판다. 가격이 싸고 내용물이 좋아 학생들이나 직장인들에게 인기라고 한다. 결식위기 아동을 위해 많은 돈을 기부하고, 돈 없는 학생들에게 싸고 좋은 도시락을 제공한다고 하니 은근히 존경심이 드는 편의점이다. 배우 김혜자 작품이다. 지구촌 곳곳에서 전쟁과 가난으로 고통받는 이들을 찾아다니며 구호 활동을 벌인 배우 김혜자는 『꽃으로도 때리지 말라』 라는 저서를 통해 인간의 존엄성에 대해 진지하게 묻는다.

  올해 82세인데 아직 건강하며 영화에도 출연하고 인간미가 넘쳐 배우 김수미를 도왔던 일화는 아직도 훈훈하게 입에서 입으로 전해 오고 있다. '바로 이 맛이야!'라는 유행어를 낸 미원 선전을 한 분, 전원일기에서 국민 엄마로 자리매김한 배우다.

골초였는데 미국에 사는 딸이 전화로 담배 끊으라고 하여 단번에 끊고 기독교인으로서 멋진 인생을 사는 사람, 김혜자는 최근 『생에 감사해』 라는 에세이도 출간했다고 한다.

7-ELEVEN, CU, GS25. 이외에도 많은 편의점이 단순히 자신들의 돈벌이 수단이 아닌, 젊은이들에게 도움이 되고 행복이 되는 숨은 미담이 많이 나왔으면 한다.

밤새도록 두 편의점이 불을 밝히고 있어 컴컴했던 동네가 환해졌다. 새벽기도 가려고 나서면 감사한 마음이 저절로 생긴다. 행운의 숫자 럭키쎄븐의 의미가 많은 이들에게 행복으로 다가가고, nace CU가 만남의 기쁨을 완전히 이루어 주는 편의점으로 다가왔으면 한다.

커피도 싸서 젊은이들이 많이 사 들고 나온다. 언제부터인지 커피 왕국이 되어 버린 우리나라. 나도 비싼 커피집에 드나들지 말고 편의점을 잘 활용해야겠다고 생각해 본다.

폭삭 속았수다

　여행은 늘 푸른 하늘처럼 좋다. 제주도는 갈 때마다 새로운 것을 보게 되어 다섯 번이나 다녀왔다. 한번은 남편과, 한번은 친구들과 올래길을, 한번은 교우들과, 한번은 사진 동아리에서, 또 한 번은 형제 모임에서 다녀왔다. 그런데 이번에는 부부 모임에서 제주도를 간다니 또 신명이 났다. 카메라를 꺼내 점검하는데 남편이 가져가지 말라고 한다. 원숭이에게서 바나나를 빼앗는 격이지 제주도에 가는데 카메라를 두고 가라 한다. 궁여지책으로 카메라를 가지고는 가되 사진 찍느라 일행과 뒤처지거나 앞서지 않겠다고 타협을 했다.
　한 시간 조금 넘어 도착하는 단거리 비행의 기쁨과 내리자마자 이국적인 냄새가 풍기는 야자수가 오랜 친구처럼 반긴다.
　도착하자 가이드가 팻말을 들고 활짝 웃으며 우리를 맞는다.

일행은 열두 명인데 열 명은 다섯 쌍이고 두 명은 부인이 사정상 오지 못해 남자들만 왔다. 가이드는 봉고차로 안내하며 이박 삼일을 잘 섬기겠다고 얼굴 가득 미소를 지으며 인사를 한다.

저녁쯤 도착했는데 맨 처음 순서가 귤 따기 체험이다. 안내하는 사람이 용두머리는 어두워지면 보기 어려워지니 그곳부터 간다고 한다.

용두머리를 보고 귤밭으로 갔다. 귤나무에는 사랑하는 이를 기다리는 듯 노란 귤이 리본처럼 주렁주렁 달려있다. 주인은 가위와 장갑을 가지고 나와서 기다린다. 몇 개씩 따는 체험을 하고 먹을 수도 있다기에 우리는 신나서 귤을 땄다. 조금 후에 주인이 그만 따라면서 우리가 따 놓은 것을 보고 놀란다. 상품 가치가 없게 많이도 따 놓았다고 하면서 딴 거는 다 사가야 한다고 한다.

우리는 어이가 없어 한 상자만 사겠다고 우겼다. 차에 실어 놓고 여행하면서 먹자고 하였다. 귤을 맛보니 보기보다 맛있어서 집으로 부치라고 일행 모두 한 상자씩을 샀다.

다음 날 아침, 호텔에서 아침을 먹고 길을 나섰다. 가이드가 우리에게 "폭삭 속았수다."하며 고개를 숙인다. 설명을 들으니 '수고 많이 하셨습니다.'라는 제주도 사투리라 한다. 우리는 그 말이 재미있어서 하루 내내 "폭삭 속았수다"를 써먹으며 웃었다.

제주도는 서울보다 세배가 넓고 두바이보다 조금 넓다고 한다. 도지사의 권한이 커서 대통령도 하지 못하는 시장 임명을 이곳 도지사는 한다고 한다. 중국인들이 들어올 때는 교통이 마비될 정도이고 크루즈는 여섯 시간을 제주도에 머문다. 그들은 경치 구경은 뒷전이고 면세점을 싹쓸이한다고 한다.

중국 사람들이 제주도 땅을 많이 샀다기에 왜 중국인에게 우리 땅을 파냐고 물었다. 시세보다 돈을 많이 주어 안 팔 수가 없다고 한다.

첫 일정이 유리성이고 송악산 서커스 월드를 거쳐서 옵션으로 유람선 여행이다. 우리는 한울랜드 토산품 판매장에 들렀다. 100년 된 산삼을 배양한다는 곳에 가서 설명을 듣고 몇 사람이 샀다.

3일 차는 우도를 다녀와서 조랑말 체험을 했다. 또 옵션을 하라고 해 거절했더니, 본사의 명령이라 안 하면 안 된다고 툴툴거린다. 우리는 은근히 화가 났다. 첫날, 귤밭부터 시작하여 둘째 날, 세 곳이나 들러 제주도 유명한 떡을 광고하고, 민속촌에서는 약 선전을 했다. 우리를 벗겨 먹자고 작심한 것 같았다. 총무는 단호히 거절하고 다른 일정을 진행하라고 했다. 저녁은 회장직을 맡은 분이 한턱낸다며 보신탕집으로 향했다. 가이드는 저녁값을 절약한 셈이다. 전에 갔을 때는 싸게 간 것이라 판매장에 데리고 가도 할 말이 없었다. 하지만 이번에는 값을 더 치렀다. 식사를 모두 제공하는 조건으로 계약했는데, 전보다 많은 판매장을 데리고 다니니 화가 오르지 않겠는가.

중국인이 사드 문제로 한국에 오지 않다 보니 여행사도 타격이 있고 제주에도 불경기를 맞은 것은 인정한다. 그렇다고 우리나라 관광객을 대상으로 물건을 강매하다시피 하는 것인가. 다시는 패키지로 오지 않겠다고 결심하게 된다. 또 공원이나 공연장도 입장료가 만만치 않아 개인적으로 간다고 해도 돈이 들지 않는 외곽으로만 돌아야 할 것 같다.

국내 여행이든 국외 여행이든 패키지면 물건 파는 곳을 들르는 게 당연시되어 여행인지 쇼핑인지 구별을 못 할 때가 많다. 단체여행이 이런 식으로 계속된다면 사람들이 개인 여행으로 전환하여 여행사에 더 불리하지는 않을지 걱정된다. 한번 여행하고는 다시 가고 싶지 않은 나라가 한국이라는 말 듣지 않도록 좀 더 높은 품격의 여행을 마련해야 하지 않을까 생각한다.

집에 돌아와서 받은 귤 상자에는 상품으로 볼 수 없는 작은 귤이 많아 기분이 더 나빠졌다. 수고했다는 제주도 말인 "폭삭 속았수다"라는 인사가 완전히 속았다는 말로 귓가를 맴돌았다.

3부 손짓 발짓

며늘 바보
껌딱지 우리 손주
귀뚜라미와 아기 울음소리
방실 주름
손짓 발짓
가을 나무
버팀목
낮아지면 보이는 것
권금성
과대광고

아기를 보느라고 생긴 주름은 어떨까.
미소 짓다가 웃으며 생긴 주름이니
방실 방실 주름일까.

― 「방실 주름」 중에서

며늘 바보

 작은아들이 중국 아가씨와 결혼했다. 중국에서 직장 생활하던 아들이 본토 아가씨와 연애한다는 소식을 들은 나는 놀란 가슴으로 반대했다. 이 년여의 연애로 이미 정이 든 아들은 결혼은 확고하니 중국으로 와서 아가씨 부모를 만나달라고 아예 통보식으로 나왔다.
 자식 이기는 부모 없다고 우리 내외는 중국으로 날아갔다. 걱정과 달리 아가씨는 순하고 예뻤다. 알고 보니 같이 나온 그녀의 부모도 걱정과 한숨으로 우리와 같은 입장이다.
 벌금을 내면서까지 출생 신고하며 낳은 5녀 중 막내였다. 애지중지 키웠더니 외국인과 결혼한다며 한숨을 쉰다. 며칠을 울며 조르니 어찌할 바를 모르겠다고 사윗감을 통역 삼아 심정을 호소한다.

결혼하여 살 집은 있느냐, 마음고생 시키지 않을 자신 있냐고 신중하게 물었다. 그러더니 사윗감이 착하게 생겨 안심이고, 사돈 내외도 진실해 보여 마음이 놓인단다. 허허 웃던 그녀의 아버지가 "하오!" 하고 중국말로 호탕한 허락을 하였다.

중국 풍습대로 지참금을 보내고 날을 잡아 중국 처가에서 혼례식을 하였다. 아들 휴가에 맞춰 한국에 와서 결혼식을 할 때는 이미 태아를 품고 있었다. 친척들은 혼수를 해왔다고 기뻐했다. 몇 달 후 아들은 아기를 한국에서 출산해야 한국 국적을 얻는다며 배부른 며느리를 한국에 데려다 놓고 혼자 중국으로 들어갔다.

며느리는 말도 안 통하는 곳에서 나름대로 우리와 친해지려고 애를 많이 쓴다. 한국말은 중국에서 배우다 왔다고 하는데도 서툴렀다. 우리는 언어 소통을 위해 사전을 찾아서 보여 주고 뜻이 잘 안 통하면 계면쩍게 웃으면서 넘어갔다. 조금 지나자 그럭저럭 소통할 수 있게 됐다. 미소가 만국어라는 것도 처음 알았다. 배가 부르지만, 다문화센터로 한국어를 배우러 다니기도 했다.

넉 달 지나 아기를 낳았다. 몸조리 두 달, 총 여섯 달 만에 중국 아들에게로 갔다. 섭섭한 마음을 이루 말할 수 없었다. 눈물이 주르륵 흘러서 얼굴을 똑바로 볼 수 없었다.

몇 년의 이별이 끝나고 지금은 아들 내외가 한국으로 돌아와서 한집에 살고 있다. 중국에서 사업을 한다고 한국에 있던 집을 팔아서 시작했는데 사업은 마음처럼 되지 않았다. 다 접고는 한국으로 돌아온 것이다. 아들은 다행히 중국어를 잘하는 덕분에 무역회사에 바로 취직이 되었다. 며느리는 아무 말 없이 남편을 따라왔다. 한국 생활에 적응하려고 애쓰고 있는 걸 보면 착한 아이임이 틀림없다.

다문화센터에 한국말 중급반으로 들어갔다. 공부를 곧잘 하는 것 같더니, 며칠 전 중급반을 수료했다고 수료증을 보여 준다. 공부했다고 다 수료증을 받는 게 아니고 성적도 우수해야 하고 출석률도 좋아야 한다며 은근히 자랑한다. 문득 신혼여행 때 제주도에서 문자 보낸 것을 생각하며 웃는다.

'어머니 방금 아침 식사 먹었어요 지금 호텔있어요. 오후 바다에 관광가세요. 내가 잘 지내셨어요'

맞춤법도, 문법도, 띄어쓰기도 못하던 카톡의 문자가 얼마나 자랑스럽고 기뻤던지 아직도 그 내용을 외우고 있다. 그러던 며늘애가 지금은 아들 어린이집 원서도 제 손으로 다 쓴다.

친구들은 중국 아가씨들은 일을 안 한다고 하는데 네 며느리는 어떠냐고 묻는다. 그러면 나는 너희들 며느리는 시댁에 다니러 와서 일하냐고 되묻는다. 이구동성으로 안 한다고 대답하며 설거지나 겨우 한다고 한다. 한 친구는 며느리가 오기만 해도 좋겠는데 아예 시집에 안 오려 한다고 푸념이다.

아기가 보고 싶어 찾아가려고 하면 이 핑계, 저 핑계를 대며 꺼린단다. 요즘 세상은 며느리가 상전이지 어디 감히 일을 시키냐고, 김장도 해다 바친다고 한다. 친구들에게 우리 며느리는 요리도 잘하고 설거지도 알아서 한다고 하자 모두 놀라고 부러워한다.

반찬도 제법 한다. 잡채도 할 줄 알고 김치부침개도 잘한다. 다행히 한국 음식을 좋아해서 내가 만든 음식을 잘 먹는다. 물론 며느리가 만든 음식도 맛있다. 아마 중국에서 살 때 아들을 위해 한식을 많이 만들었던 것 같다. 또 인터넷에 요리 조리법이 많이 있어 젊은 애들은 뭐든지 빨리 배우는 것 같다.

요즘 아이 같지 않게 시부모님 어려운 것도 알고 예의범절도 곧잘 지킨다. 우리가 나갔다 오면 쫓아 나와서 다녀오셨냐고 인사하고, 과일도 깎으면 먼저 가져다준다. 당연한데도 기분이 좋고 뿌듯하다.

아기 밥 먹이고 챙겨 어린이집에 보내는 것도 자기 손으로 하고 남편 옷들도 말끔하게 다려 옷장에 건다.

중국에 있는 부모님이 보고 싶다고 아들을 통해 휴가를 신청해서 허락했더니 지난달에 아기를 데리고 중국에 한 달간 다녀왔다. 부모님이 보고파 중국에 갔지만 가서는 남편이 그리웠나 보다. 매일 영상통화를 하고 아기 사진을 보내오더니 한 달이 다 차기 전에 한국으로 돌아왔다. 너희 집은 여기라고 말해 준 게 효과가 있었나 싶어 씩, 웃어 본다. 사랑은 국경이 없다는 말이 실감난다. 인연이 신기하기만 하다.

목욕도 가끔 같이 가는데 우리를 보고 사람들은 하나 같이 말한다.

"따님하고 같이 오신 거지요."

나는 자랑스럽게 말한다.

"아니요. 며느리인데요."

아기 재롱 보기도 행복 중 하나이다. 말도 곧잘 해서 요즘은 '울면 안 돼 뚝! 울면 안 돼 뚝! 산타 할아버지는 우는 아기에겐 선물을 안 주신대요.' 하며 노래하는데 쭉 내민 입술이 어찌나 예쁜지 뽀뽀하고 싶어진다.

중국말도 제법 한다. 난 1년이나 중국어 학원을 다녔어도 못하는데 아기는 집에서 엄마가 가르쳐 주는 대로 금방 따라 한다. 내가 배운 것을 써보려고 아기에게 중국말을 하면 발음 나쁜 사람이 말하면 아기가 말 배우는데 지장을 준다고 며느리가 웃으며 말한다.

만으로 세 돌이 지났지만, 한국 나이로는 내년에 다섯 살이 되어 어린이집에서 한 단계 높은 곳으로 옮겨야 한단다. 며느리가 여기저기 견학을 다니면서 어느 곳으로 옮겨야 할지 찾아보는 것도 신통하고 흐뭇하다.

벌써 이곳에서도 친구들을 사귀어 서로 자기 집에 초대하고 음식을 만들어 대접하기도 한다. 내년엔 고급반에 입학하여 일 년 공부를 더 해서 교사 자격증을 딴 다음 중국어를 가르치는 선생이 되겠다고 한다.

중국에 있는 친구들에게 인기 있는 한국 화장품을 사서 부치곤 하는데 조금씩 이익을 남기는 것 같다. 자기가 번 돈으로 성탄절에 남편 코트를 선물로 사 주었다고 자랑스럽게 말한다.

사랑의 힘은 위대하다. 먼 이국땅에 와서 뿌리내리고 살 생각을 하니 말이다. 말이 잘 통하지 않아도 가슴에서 가슴으로 흐르는 정이 있으니 아무런 문제가 없다. 아들만 둘이고 딸이 없던 나는 딸이 한 명 생긴 것 같아 기쁘다. 아기를 안고 잠든 모습을 보면 측은하고 예뻐서 가슴에 꼭 안아주고 싶은 충동이 일 때도 있다.

매일매일 정을 쌓다 보니 깊고 단단한 반석 같은 사랑으로 다져졌다. 함께 살게 된 것도 축복이라 생각하며 감사하고 있다. 몇 년 후에는 독립하여 나가겠지만 같이 살아간 세월에 비례한 깊은 가족애는 계속 이어질 것이다.

중국 여인네들은 손톱 손질하는 걸 좋아한다. 며느리도 손톱을 기르고 예쁜 색으로 바르기를 좋아해서 설거지만 끝나면 손을 씻고 손톱을 가꾸는데 정성을 많이 쏟는다. 아들이 있을 때는 아들보고 설거지를 도와주라고 하지만 아들이 늦게 오는 날은 내가 설거지를 도와줄 때가 많다. 행여 예쁘게 가꾼 손톱이 망가지면 어쩌나 하는 우려에서다. 그러면서도 기쁘기만 하니 나는 '며늘 바보'인가 보다.

껌딱지 우리 손주

 세상에 살면서 큰소리 칠 일 하나도 없다는 것을 절실히 느끼며 손주를 업고 재운다. 작년까지만 해도 친구들 모임에서 손주 키우는 이야기가 나오면 왜 손주를 할머니가 키우냐고 어미가 키워야지, 난 절대 손주 안 키워 줄 거라고 입 찬 소리를 했다. 이듬해 손주를 등에 업고 재울 줄을 꿈에도 모르고 말이다.
 작은아들은 어렸을 때부터 남과 다른 사고와 꿈을 품고 자랐다. 대학에 꼭 가야 할 필요 없다고 검도를 시작하더니, 군대도 해병대를 지원했다.
 군에 가서 마음이 바뀌었는지, 제대 후에 대학을 들어갔다. 졸업 후 검도장에 사범으로 취직하고 몇 년 후 선배의 검도장을 물려받아 운영했다.
 3년여를 열심히 가르치고 아이들을 친동생처럼 아끼며 공을 들였는데 불경기가 왔다. 어머니들이 영어 학원은 보내지만, 검도장은 끊었다. 몇 달을 적자로 애태우더니 더는 못 버티겠다면서 검도장을 접었다.

취직자리를 찾다가 발전하는 대륙에서 꿈을 펼쳐야겠다고 한다. 국가에서 지원하는 중국 취업대학에 원서를 내고 미련 없이 중국으로 가 버렸다.

1년 수료 후, 한국인이 경영하는 레스토랑에서 중국인 종업원 관리하는 매니저로 취직했다. 중국어도 잘하게 되었다고 전화 속에서 자랑한다.

2년이 지나자 우리를 중국으로 초청했다. 상견례가 목적이다. 국제결혼은 달갑지 않았다. 자식 이기는 부모 없다고 중국 처가에서 결혼식을 하고 한국에 나와서도 올렸다. 그렇게 해서 우리 곁에 찾아온 것이 눈에 넣어도 안 아픈 손주 설우다

한국 국적을 얻는다고 엄마 뱃속에서 한국에 와 세상에 나온 우리 설우, 사업하는 아빠, 엄마와 떨어져 살게 될 줄 꿈에도 몰랐다.

아들이 아빠가 되더니 언제까지 남의 밑에만 있겠냐며 사업을 하겠다고 한다. 평생 월급쟁이로 정년퇴직한 아버지의 격려와 박수로 중국에서 음식점을 차린다고 한다. 한국으로 왔다가 중국으로 갔다가 부산을 떨더니 드디어 개업이다. 문제는 설우였다. 처음엔 부부가 같이 달라붙어야 하는데 이제 막 돌을 지낸 터라 맡길 곳이 없었다. 할 수 없이 내가 중국으로 갔다. 두

달만 봐주고 와야지 생각했다. 두 달이면 자리 잡을 것이고 그때는 며느리가 집에서 아기를 키운다고 한다. '말 안 통하는 중국이지만 두 달이야 못 지낼까?' 비장한 결심으로 비행기를 탔다. 그렇지만 아들 사업은 생각처럼 쉽지 않았다. 직원들은 말없이 안 나오기 일쑤고, 요리사는 구할 수 없고. 도저히 며느리가 빠져나올 길이 없었다. 두 달을 중국에서 지낸 나는 한국에 혼자 있는 남편도 걸리고 하여 차라리 설우를 한국으로 데리고 나가는 게 좋겠다고 결정했다. 내년 봄까지만 돌봐주기로 하고 나온 것이 지난 7월이다.

엄마 품을 떠난 설우는 할미에게 향한 의존과 사랑이 껌딱지로 표현할 만큼 강하고 진하게 작용했다.

할미가 눈에 보여야 놀고, 눈에 안 보이면 서럽게 우는 바람에 화장실도 안고 다닐 정도였다. 조금만 움직이면 옷자락 끝을 잡고 쫓아다녔다. 잘 때도 할미 등에서 잠들고 자다가도 손을 더듬어 옆에 있는지 확인하고는 다시 잠이 든다. 나는 일상과 손을 끊고 손주에게 집중했다.

두 달 후, 집 앞에 있는 어린이집에 보내기 시작한 게 23개월 되던 9월 초다. 처음에는 적응하지 못하여 들어갈 때마다 서럽게 울어 가슴이 아팠다. 한 달이 지나 두 달째 되니 빠이빠이 인사도 하고 웃으며 들어간다. 말도 곧잘 하여 친구들과도 어울려 잘 놀았다. 음악이 나오면 엉덩이를 들썩거린다고 선생님이 전한다.

중국에 있는 아빠, 엄마와 영상통화 하면서 귤이나 사과를 영상 속 엄마에게 고사리 같은 손으로 쭉 내밀며 먹으란다. 통화가 끝날 때는 빠이빠이 하고는 컴퓨터 화면에 뽀뽀를 쪽 하지만 끝나면 그때뿐, 다시 할미에게 안겨 응석을 부린다.

때로는 철난 아이처럼 의사 표시를 하여 깜짝 놀랄 때가 있다. 가족사진을 펼쳐 놓고

"이게 누구야."

하면 할부지, 아빠, 엄마하고 할미를 가리키며 엄마 한다. 할미 소리를 할 수 있는데도 말이다.

"설우야 이건 할미야! 할미 여기 있잖아."

하면, 할미가 아니라고 도리질을 치며 내 가슴에 얼굴을 파묻는다. 콧날이 시큰하다. 할미를 엄마라고 알고 있는게 가엾다. 안아주고 밥 먹이고, 응가 치워주고, 목욕시켜 잠도 껴안고 자니 엄마라 할만했다. 아침에 눈을 떴을 때도 제일 먼저 보는데 엄마 아니면 뭐냐는 눈빛으로 나를 그윽하게 올려다본다. 그뿐 아니다. 할미랑 재미있게 가지고 놀던 장난감도 치우고, 설거지하는 할미의 앞 치마끈을 뒤에서 풀고, 같이 놀자며 소파에 앉힌다. 잘 때는 할미에게 책을 읽어 준다고 그림책을 펴 놓는다. 꿀꿀, 음매 음매, 야옹야옹, 개굴개굴하면서 입을 쫑긋한다. 그것을 보면 설우를 안고 업고 했을 때의 짓눌렸던 몸과 안쓰러워하던 마음이 봄 햇살 같은 미소가 되어 나를 치유한다.

교회에서 하는 성탄 축하공연에 유아부로 설우도 출연했다.

얼마나 잘하는지 아빠와 엄마가 와서 보지 못하는 게 안타까울 뿐이다.

키운 정이라는데, 어릴 때 누가 데려가 키운다면 친 아빠 엄마처럼 따르며 클 수 있을 거라는 생각에 가슴이 뭉클하다.

친구들은 말한다. 아기 본 공은 없다고. 누구네도 할머니가 애들 집에 가서 아기를 보는데 낮에 넘어져 상처가 생겼다고 한다. 저녁에 며느리가 와서는 아기를 낚아채듯 빼앗아 방문을 쿵 닫고 들어가더라고 했다. 다른 친구도 말하길, 낮에는 잘 따르고 말도 잘 듣던 아기도 저녁에 엄마만 오면 할머니는 누구냐는 듯 엄마 품에만 있어 서운하다고 한다.

아기를 볼래? 들에 나갈래? 하면 들에 나간다는 이야기 등, 안간힘을 쓰고 있는 내게 기운이 쏙 빠질 그런 이야기들을 잔뜩 쏟아 놓는다.

그렇지만 맞벌이가 필수인 요즘 봐줄 수 있는 형편이 안 되면 할 수 없거니와 건강하고 시간 있는 할미야 어찌 손주가 어린이집에 다닌다고 모른 척 하고 있겠는가. 가족이 가까운 곳에 있다면 행복한 마음으로 돌봐줄 수 있을 것 같다. 낮에는 할미와 있고 저녁이 되어 엄마 품에서 잠들 수 있다면 더 바랄 것이 없을 것 같다.

설우 보는 게 힘들어 중국에 있으면서 체중이 6kg 줄었다. 우리나라에 와서 좀 늘었지만, 얼굴은 쪼글쪼글, 머리는 부스스 하고 체력도 많이 줄었다. 그렇지만 설우의 맑고 행복한 웃음소

리로 그 모든 것을 보상받고도 남는다

지금은 어린이집에서 6시간을 지내고 오니 24시간 같이 있던 때보다 여유가 많이 생겼다. 6시간의 자유로 사진도 찍으러 가고, 좋아하는 문학 공부도 할 수 있으니 행복하다. 설우도 어린이집에서 친구들과 지내며 사회성도 향상되고 말도 늘었다. 다행이다.

다문화 가족이 된 것도, 부모 멀리 두고 아기를 키운다는 것도 받아들이기 힘든 일이었지만, 커다란 선물인 아기 앞에서는 그 모든 것이 부질없는 걱정으로 녹는다. 하늘이 우리에게 위탁한 귀한 선물을 정성껏 키우고 대한민국 국민의 일원으로 훌륭하게 키우는 게 가장 큰 숙제이자 나의 소원이다. 이제 27개월 된 손주 설우. 아빠와 엄마가 데려갈지, 아니면 사업이 시원찮아 한국에 와서 산다고 불쑥 귀국할지 반반의 가능성이 있는 요즈음이지만 그 어떤 경우가 온다고 할지라도 나는 환영할 것이다. 설우가 제 부모 품에서 자랄 수 있으니 말이다.

화장실에 앉아 있는데 설우가 울며 문을 연다. 이 지독하고 예쁜 스토커 같으니라고.

귀뚜라미와 아기 울음소리

　대단한 여름이다. 아스팔트에 달걀을 부으면 후라이가 될 만큼 뜨겁다. 공원에 나가도 몸을 식힐 수 없어 밤늦도록 원두막에 누웠다. 집에서는 에어컨을 틀지 않으면 견딜 수 없었던 지난여름이다.
　유치원 다니는 손자는 땀띠로 가려워 잠들지 못하고, 할아버지는 며느리 민망하여 방문을 닫고 웃통을 벗어야 잠이 들던 여름날들.
　더위를 견디지 못한 닭들이 죽고, 열매들은 말라버렸으며 상추가 녹아 자라지도 못했다.
　가로수에서 매미들만 시끄럽게 울어 신경이 곤두서고, 지구 온난화로 인하여 시작된 이상 기온이 이제는 영영 가을을 구경시켜 주지 않을 것 같았다.

그렇게 몸살을 앓던 어느 날 밤이다. 창밖에서 새로운 소리가 들렸다. 찌르르, 찌르르. 반가움에 창밖으로 귀를 기울였다. 분명 귀뚜라미 소리다. 찌르르, 찌르르. 가을을 부르는 전령사다.

흐르는 시간은 어김없이 계절을 바꾸어 주는구나. 영원히 머물 것 같던 여름이 도망가겠다 싶으니 식욕이 돈다. 이제 가을이 오겠지. 과일나무들은 풍성한 열매를 맛있게 물들이고 논의 벼는 누렇게 익어 고개를 숙이겠지.

단풍이 곧 찾아올 것이고 연말도 다가오겠구나, 생각하니 반갑기만 하던 마음이 외로워지고 슬퍼진다. 몇 달 지나면 한해도 금방 지나갈 거라는 생각이 스친다. 이마에 땀이 나고 조바심이 난다.

가을은 수확의 계절인데 올해도 내놓을 열매가 없다. 글도 번듯한 것 한 편 써 놓지 못했으며, 영적인 자식도 낳지 못하고 이웃 사랑의 기억도 가물거린다. 추석이 곧 다가온다. 인사할 분들을 떠올리니 올해도 사람 노릇 하지 못하고 지나는 게 아닌가 싶어 가슴이 시리다.

귀뚜라미 소리를 들으면 시상이 떠오르고 누구에겐가 편지를 쓰고 싶거나 보고 싶은 마음에 안부 전화라도 해야겠다는 생각이 들어야 하는데 그렇게 낭만적인 생각보다는 무언가에 쫓기는 거 같다.

한 해가 가면 나이 한 살 더 먹어야 한다는 서글픔이 곁들여져 귀뚜라미 소리는 작년과 다르게 더 슬프게 느껴진다.

방에서 아기 울음소리가 들린다. 갑자기 환희로 가슴이 벅차오른다. 아마도 기저귀가 젖었거나 배가 고파서 젖을 달라는 소리일 것이다. 말을 못 하니 저렇게 울음으로서 자기의 의사 표시를 한다. 아침에는 일어났다고 울고, 배가 고파 울고, 기저귀가 젖었다고 운다. 울다가도 요구 사항을 들어 주고 얼리면 까르르 웃는다.

요구 조건은 간단하다. 그런데도 잘 알아듣지 못하고 오래 울리는 경우가 있다. 기저귀가 젖어서 우는데 안아 달라는 줄 알고 안고 다니거나, 졸려서 칭얼거리는데 동화책을 읽어 주거나 한다. 잘 알아채고 원하는 대로 해 주면 아기는 더 바라지 않고 만족한다. 방긋방긋 웃으며 행복을 선물한다.

밤중에 귀뚜라미 소리에 침울해 있다가 아기 울음소리에 행복해 하니 울음소리도 주는 의미가 다양하다. 개가 짖으면 동네에 낯선 사람이 들어 왔나 생각하고 닭이 울면 알을 낳았는지 살피게 된다.

귀뚜라미 소리는 우리에게 시원한 가을을 불러주고 아기 울음소리는 가을을 건너뛰고 겨울을 넘어 봄을 마음속에 불러온다.

'올해 당신 앞에 내놓을 열매는 당신이 선물로 주신 우리 아기입니다.'

달려가 아기를 조심스레 안는다.

방실 주름

아기가 8개월이 되자 이제 출근하고 싶다고 며느리가 조심스럽게 말한다. 화장품 회사인데 아침에 출근하여 도장 찍고 중국에 보낼 화장품을 가지고 오면 된다. 집에 와서 포장하여 인편으로 보내거나 소화물로 부치는 일을 한다.

아기 봐주는 사람을 둘 정도로 돈을 버는 것도 아니고 위탁모도 믿을 수 없으니 어머니가 오전만 아기를 봐주시면 고맙겠다고 부탁한다. 저렇게 고운 마음을 어떻게 거절한단 말인가. 우리는 한 집에 사는 식구가 아닌가.

볼수록 예쁜 우리 아기는 오전 열 시 반에서 열한 시에 이유식을 먹이고 소화 시킨 후 업어서 재운다. 졸려서 칭얼대는 아기를 업으면 제일 먼저 가는 곳이 거울 앞이다.

"거울아, 거울아 이 세상에서 누가 제일 예쁘니?"

하고 아기 얼굴을 비추어 주면 눈을 반짝거리며 쳐다본다.

"안양 9동에 사는 백설 왕자 우주가 세상에서 제일 예쁘답니다."

내가 목소리를 굵게 하여 말하면 아기는 까르르 웃는다. 꼭 무슨 소리인지 아는 것 같다.

거기에 같이 등장하는 내 얼굴은 머리는 부스스하고 주름 투성이라 백설 공주에 나오는 변장한 마귀할멈과 똑같다. 그때마다 깜짝 놀라 도망치듯 거울 앞을 떠난다.

나도 한때는 거울 앞을 떠날 줄 모르고 내 얼굴에 도취했던 적이 있었다. 내 모습을 바라보며 미소 짓고 예쁘게 웃어도 보고 고개를 갸우뚱거리면서 흡족한 마음이 들었다. 지금은 세월이 한 줄 한 줄 내 얼굴에 금을 긋고 달아나 방법이 없다.

혹자는 말한다. 늙는 것을 받아들이고 다만 곱게 늙도록 노력을 하라는 것이다. 얼굴뿐 아니라 마음까지 다스려야 한단다. 그러고 보니 성격이 온화한 사람은 주름살도 곱상하다. 심보가 사나운 사람은 얼굴에 우락부락한 기가 보인다. 내가 봐도 한눈에 알아볼 정도다.

생활이 고달파서 생긴 주름은 쪼글쪼글하다. 배가 고프면 힘이 없다. 얼굴만 봐도 힘이 없어 보인다. 자식이 속 썩여 생긴 주름은 쭈글쭈글하다. 자식 일은 마음이 타들어 간다. 남편이 바람피워 생긴 주름은 짜글짜글하다. 늘 마음이 찌들고 속이 끓어 주름살도 짜글짜글 생긴다.

경쾌한 초록별

아기를 보느라고 생긴 주름은 어떨까. 미소 짓다가 웃으며 생긴 주름이니 방실방실 주름일까.

아기를 바라보면 내 아들의 어릴 적 표정이 떠오른다. 어찌 이리 닮았단 말인가. 웃는 것도 짜증을 내는 것도 똑같다. 그 모습엔 할아버지 표정도 곁들여진다. 삼대의 미소가 판박이다. 거울 속에서 아기 웃는 얼굴을 들여다보면 아들의 모습도 있고 할아버지의 모습도 있으니 서로가 서로에게 거울이 되는 셈이다. 마음도 서로 닮았으면 좋겠다. 할아버지의 의지력은 아들이 닮고, 젊은 패기는 할아버지가 닮고, 해 맑은 아기 웃음은 아비도 할아버지도 닮았으면 좋겠다. 거울 속에 삼대를 비추어 보니 세월이 한 세기가 가깝다.

늙은이는 없어지고 젊은이는 주름이 늘고 아기는 얼굴에 살이 통통 찌고 키가 크겠지. 아기는 커서 아버지가 되고 아버지는 늙어 할아버지가 되고.

아기를 보면 세상 근심이 사라진다. 말을 하려고 옹알거리는 입은 뾰족뾰족 병아리 같고 까르르 웃는 모습은 천사가 즐거울 때 자지러지는 표정으로 상상이 된다. 맑은 눈을 보고 있으면 그 속에 퐁당 빠져 헤어 나오기 어렵다. 고사리 같은 손, 귀여운 발은 작지만 힘이 있다. 우주를 다스릴 것 같다. 어찌 그리 이쁘니 하고 말하면 아기는 알아듣는 듯 온몸을 흔들며 좋아한다.

희노애락의 표현이 정확하다. 배고프면 울고 졸리면 칭얼거리고 기저귀가 젖으면 보챈다. 문제가 해결되면 온 세상이 자기 것인 양 행복한 미소를 짓는다.

나는 아기에게 배운다. 단순한 생각, 정확한 표현, 자족하는 행복, 보는 이에게 전달하는 행복 바이러스, 이 모든 것은 오직 아기에게만 있다.

아기가 내 거울이 된다. 천진난만한 아기 얼굴이 내 얼굴이 되었으면 좋겠다. 미소만 보아도 위로가 되고 행복이 된다는 말을 친구들에게서 들을 수 있다면 내 인생은 성공한 것이 되지 않을까.

아기를 보면서 생긴 주름은 곱다니까 나도 얼마 후에는 그럴 거란 생각을 하면서 다시 거울을 살며시 쳐다본다. 아기가 내 마음을 안다는 듯 방긋 웃어준다. 나도 방실 웃으며 방실 주름을 내 얼굴에 만들어 본다.

손짓 발짓

언젠가는 한번 가보긴 해야 할 곳이었다.

"이번 여름엔 어머니도 제 친정에 한번 같이 가보실래요?"

며느리가 묻기에 기쁘게 승낙했는데, 막상 간다고 생각하니 가슴 가득 걱정이 쌓인다. 무더운 날씨와 기름진 음식, 가져갈 선물은 차지하고라도 무엇보다 큰 걱정은 대화였다.

8년 전 아들이 상해에 있을 때 중국 아가씨와 연애 끝에 결혼하고 싶다고 상견례를 하자 하여 콩 볶듯이 중국말을 조금 배우긴 했다. 중국말이 어렵기도 했고, 며느리가 한국말을 배워 이제는 제법 속말까지 하는 실력이라 신경도 안 썼었다. 그런데 이번에 사돈댁을 방문한다니 갑자기 중국어 공부 포기한 것이 플루트 배우다 포기한 것보다 배나 더 후회되었다.

말이 안 통할까 봐 매미처럼 걱정을 되뇌었더니 초등학교 1

학년인 손자가 내 손을 잡는다.

"할머니 걱정하지 마, 나도 중국말 모르면서 따라다녔는데 뭐, 그냥 나랑 한국어로 말하면 돼."

귀여운 그 말 한마디에 천군만마를 얻은 듯 든든한 마음이 들고 손자만 옆에 있으면 어디든 갈 수 있겠다는 자신이 붙기 시작했다.

비행기로 두 시간 걸리는 상해에 내리니 며느리의 큰 언니 부부가 공항에 마중 나와 있다. 피곤하니 상해에서 하루 지내다 가라면서 우리를 호텔로 안내한다. 다음 날 기차역까지 태워다 주어 우리나라 KTX 같은 기차로 두 시간 반을 달려 안휘성에 속한 숙주동점에 내렸더니 이번에는 며느리의 둘째 형부가 차를 가지고 마중 나와 있다.

서툰 언어로 인사를 하고 차에 오르자 큰길로 씽씽 달린다. 30여 분 지났을까? 시골 신작로 같은 길이 나왔다. 양쪽에 이름 모를 가로수들이 줄줄이 서 있는 길을 따라 십여 분 더 가자 전통적인 시골집들이 마주 보며 길게 늘어서 있다. 처음엔 붉은 벽돌로 집들을 지었다는데 지금은 하얀 시멘트로 벽을 칠하였다. 산뜻하기는 하나 세련된 맛은 없다. 내 눈에는 간간이 남은 붉은 벽돌집이 더 고급스러워 보인다.

상견례 후 처음 만나는 사돈댁 두 어른이 마중 나와 반갑게 맞이해 준다. 말은 안 통해도 바라보는 눈빛하며 손잡아주는 따스함을 마음으로 충분히 느낄 수 있다. 여름 손님은 호랑이보다 더 무섭다는데 더구나 한국에 사는 사돈댁이 왔으니 마치 국빈이라도 오는 듯 마음이 무거웠으리라.

다음 날 아침부터 사부인은 밀가루를 반죽하여 밀대로 밀며 굵은 땀을 죽죽 흘린다. 만두 만들 준비를 한다. 이곳에 오기 전, 나는 며느리에게 여러 번 당부했다.

"나는 밥도 많이 안 먹고 고기도 좋아하지 않으니 반찬에 신경 쓰지 않아도 된다고 꼭 말씀드려라."

그렇지만 당사자는 어려운 사돈 대접에 최선을 다했다. 밭에 있는 채소를 뽑아다 요리하고 미리 사다 준비한 고기가 때마다 나왔다.

첫 식탁에 닭고기, 돼지고기, 소고기, 생선까지 일렬로 늘어서더니 다음날부터는 한가지씩 바뀌며 이름 모를 요리 들이 나온다.

평소 며느리의 요리 솜씨로 중국풍의 음식을 여러 번 먹어 본 나지만 현지에서 먹어 보니 비위 좋은 내 위장도 놀라서 꿈틀댄다. 조심조심 먹고 적게 먹으려는데 어김없이 내 밥그릇에 고기가 올려진다. 예전 우리 어른들이 손님 대접한답시고 밥그릇에 밥을 더 얹어 주듯이 반찬을 밥그릇에 얹어 주는 게 정인 듯하였다.

설거지라도 도와주려고 했더니 손도 못 대게하고 마당도 못 쓸게 했다. 도저히 소화를 시킬 수가 없어 몰래 소화제를 때마다 먹었다.

며느리 계획은 친정집에서 일주일 머문 후에 친정어머니와 함께 창저우로 가는 것이었다. 거기서 여자 형제들을 만나 함께 여행하고 상해로 가서 비행기를 타고 집으로 오면 된다고 했다.

일주일은 사돈댁에 머무르는데 무더운 날씨 탓에 낮 동안은 꼼짝없이 집에 있어야 했다.

새벽에 밭에 나가 일하고 온 바깥사돈이 마루에서 낮잠을 자서 여자들과 애들은 다 한 방에 모여 에어컨을 켜 놓고 같이 낮잠을 잤다.

저녁을 먹고서야 동네를 산책했다. 말이 통하지 않으니 꿀 먹은 벙어리처럼 서로 쳐다보고 웃으며 다녔다. 세 바퀴 돌자며 손가락 세 개를 펴 보이고 어쩌다 아는 단어가 나오면 반가워서 그 단어를 말하곤 하였다.

십 분 정도 가니 옥수수밭이 끝도 없이 펼쳐져 있는데 그중 한 곳을 가리키며 자기네 옥수수밭이라고 자랑스러운 표정을 짓는다. 땅이야 다 중국 정부 것이지만 농사짓는 기술과 정성에 따라 수확물이 많아진단다. 땅콩밭도 그 끝에 있다고 며느리에게 설명을 들은 터였다. 덕분에 쉽게 알아듣고 최고라는 뜻의 '찜빵 찜빵'을 외쳤다

다음 날 아침에도 같이 산책하는 시간을 가졌다. 만나는 동네 사람들이 말을 걸어오면 '워시 한구어런'이란 말로 한국 사람이라고 했다. 어설픈 발음에 모두 웃으며 더는 말을 걸지 않아 편하게 다닐 수 있었다.

이틀 후 시장에 다녀오자면서 짐 나르는 경운기에 올라타라 한다. 식구 모두 타고 털털거리며 30분 정도를 가니 시장이다. 장날인지 사람들이 복작거린다. 반찬거리와 과일을 산 사부인이 내 옷을 사 준다고 한다. 돌아다니며 고르다가 둘이 똑같은 커플티를 샀다.

여행 다닐 때는 며느리가 옆에 있어 소통에 문제가 없었다. 그런데 모처럼 친정 언니들과 만난 며느리가 이야기꽃을 피우느라 바쁘다. 본의 아니게 사돈과 단둘이 아기를 데리고 있었는데 서로 말 한마디 못 했다. 그래도 불편함은 없었다.

물이 필요할 때, 화장실을 갈 때, 여기서 조금 기다리라 할 때, 미안하다고 할 때, 고맙다고 할 때 한 단어씩만 하면 된다. 그 외에 필요한 것은 손짓, 발짓으로 다 알아듣는다. 거기에 미소를 섞는다. 미소 외에 무엇으로 사랑을 표시하고 고마움을 표시하리.

사부인은 딸 다섯에 막내가 아들이다. 딸들이 얼마나 효녀인지 큰딸은 엄마 손톱과 발톱까지 다듬어 준다. 다른 딸들도 앞다투어 에어컨과 수세식 화장실 설치, 그리고 세탁기를 들여놨다. 시골 생활이지만 불편함이 전혀 없었다. 시골 안사돈 옷이 나보다 더 많고 예뻐서 역시 딸은 있어야 한다고 부러움을 마음껏 표시했다.

집에 돌아오기로 예정한 날, 태풍으로 비행기가 결항이라고 연락이 왔다. 불가피하게 사흘을 더 상해에 머물게 되었다. 우리는 호텔비용을 아끼려고 각자 쓰던 방을 한방으로 옮겨 큰 방에서 같이 지냈다.

오기 전날 며느리가 낮에 친구들을 만난다고 나갔다. 나에게 아기를 맡기고 사부인과 같이 있으라고 한다. 나에게는 친손주지만 사부인에게는 외손주다. 사부인에게도 예쁘고 귀여운 손자인데 두 살짜리 동생 녀석이 같이 살던 나에게만 와서 안긴다. 사부인에게는 가지 않아 서운한 빛이 눈에 보였다.

점심을 배달시켜 주었는데 아침 먹은 게 소화가 되지 않아 먹고 싶지 않았다. 사부인이 자꾸 권하는데 뭐라고 표현할 길이 없어 배를 불룩 내밀고 쓰다듬었다. 옆에 있던 초등학교 1학년생 손자가 한마디 한다.

"할머니, 음식이 식는다고 조금이라도 먹으래! 좀 먹는 시늉이라도 해."

나는 깜짝 놀랐다. 먹는 시늉이라도 하라는 표현에 놀라고, 외할머니가 한 말을 통역해줘 기특했다.

집에서 엄마가 중국어로 말할 때는 한국말로 하라고 귀담아 듣지도 않는 것 같더니, 막상 외사촌들하고 놀게 되니 중국말이 터졌다. 안사돈과 나는 기뻐서 한참을 쳐다보며 웃었다. 손뼉을 치려다가 중국말이 끊길까 봐 참았다.

한국으로 오는 날 각자 집으로 돌아가기 위해 안사돈은 큰딸과 함께 기차를 타러 갔다. 우리는 공항으로 향하면서 서로 인사를 나눴다. 16일을 함께 지내면서 흠뻑 정이 들어 헤어지기가 섭섭했다.

그동안 고생 많이 했다고 '싱큘러' 했더니 딸의 통역을 빌려 대접함에 부족함이 많았다고 한다. 나는 팔을 양쪽으로 크게 벌려 만족을 표현했다. 내년엔 꼭 한국에 놀러 오라고 손짓, 발짓 했더니 금방 알아듣는다. 사돈댁이 한국에 놀러 오면 이번에 받은 사랑을 보답하겠다고 다짐하며 차에 올랐다. 말은 안 통해도 마음은 통하는 법이고 미소 하나로 모든 것이 용서된다는 간단한 진리를 깊이 깨달았다.

이번 여행을 통해서 며느리가 자란 환경과 집안의 분위기를 알게 되어 한층 더 가까워졌다. 며느리도 나를 예전보다 살뜰하게 챙겨주는 것 같아 짙은 사랑이 내 가슴속에 차곡차곡 쌓인다.

며느리 집에서 만난 별은 유난히 컸다. 깊은 밤 화장실 가다 만난 밤하늘 가득 채운 별들은 황홀했다. 낮게 떠 있는 별들을 보니 쿵쿵 가슴이 뛰어 한참을 마당에 서서 하늘을 보았다. 별이 금방이라도 나에게로 쏟아져 내릴 것 같아 두 팔을 벌리기도 했다. 별똥이 뚝뚝 떨어지는 곳으로 달려가고도 싶었다.

한국에 있을 때는 중국 먼지가 날아온다고 마스크를 하고 다녔는데 그곳은 공기가 맑아 다른 세상 같았다. 마음이 들뜬 나는 북두칠성과 별자리를 찾느라 잠잘 생각도 잊었다.

환상에 가까운 별빛의 기억은 천진한 미소로 정성껏 대접해 준 안사돈의 친절과 함께 영원히 내 가슴에 자리 잡아 기억될 것이다.

가을 나무

 텔레비전 채널을 돌리다 '세상에 이런 일이'라는 프로그램에 멈췄다. 머리가 하얗고 수염이 긴 할아버지가 큰 오토바이를 타고 있다. 그 모습은 마치 작은 자가용에 뚜껑만 없는 것 같다. 왜 노인네가 저런 큰 오토바이를 타는 거지? 하며 채널을 고정했다.
 77세인 그 노인은 십 년째 치매에 걸린 아내를 돌보고 있는데 경치 좋고 물 좋은 곳을 찾아다니느라고 큰 오토바이를 사게 되었다고 한다. 가슴이 뭉클하다.
 집으로 취재진이 가니 곱게 늙은 할머니가 활짝 웃으며 맞는다. 남편도 못 알아보고 아들도 못 알아보는데 천성이 착한 할머니는 누구든 보기만 하면 반긴다고 한다.
 할아버지가 당뇨도 있는 아내의 식단을 짜서 밥을 해준다. 일류 요리사처럼 손놀림이 빠르고 정결하다.

　방마다 자물쇠로 잠그고 냉장고 문도 못 열게 묶어놨다. 무슨 이유냐고 취재진이 물으니 아내가 간장을 꺼내 먹고 이불마다 쏟아서 그런다고 웃는다.

　밥을 해 아내에게 주며 "내가 누구요?"하고 물으니 "몰라요." 하고, 아내 이름을 부르며 "누구 이름이요?" 하니 또 "몰라요." 한다. "반찬은 맛있소?" 하니 "네, 맛있어요." 한다.

　나도 누군가가 밥 좀 차려주면 좋겠다고 아내가 입버릇처럼 말하더니 이렇게 십 년을 내 손에서 밥을 먹는다고 씁쓸히 말한다.

　오랜 세월 수고하셨으니, 요양원으로 모시라는 기자 말에 아내를 요양원에 보내면 무슨 낙으로 사느냐고 한다. 비록 알아보지는 못하지만, 아기처럼 의지하는 아내에게 밥을 지어주고 머리를 빗기면서 이야기해 주는 게 행복하다고 말한다.

　아내를 돌보려면 내가 건강해야 한다며 이른 새벽에 일어나 자전거를 타고 달리기도 하면서 건강을 유지한다고 한다.

　어려운 가운데서도 삶을 감사하며 즐긴다. 어떤 사람은 소년 시절에 요절하고, 어떤 사람은 청년 시절에 일찍 갔고, 어떤 사람은 화장실에서 넘어져 어이없고 황당하게 세상을 등지는데 아직 건강하여 아내를 돌볼 수 있으니 감사하다고 한다.

　나의 지인은 오십 대에 황혼 결혼을 하여 알콩달콩 살았는데 팔십 대에 아내가 치매에 걸리고 본인도 전립선암이 걸렸다. 서로 돌볼 수 없게 되자 친자식들이 나누어 모시더니 각각 다른 요양원으로 보내졌다.

  남편이 아내 목소리라도 듣고 싶어 전화하면 아내는 "누구세요? 나는 몰라요." 해서 슬프다고 했다. 그렇게 쓸쓸하게 남편은 세상을 떠나고 아내는 요양원에서 과거를 잊은 채 친구를 사귀면서 재미있게 살고 있다는 소문을 들었다.

  텔레비전을 감동스레 보다가 남편에게 슬쩍 물었다.

  "여보 나도 치매에 걸리면 돌봐 줄 거야?"

  "당신은 활동을 많이 하니까 치매 걱정 없어. 내가 문제지."

  남편 말에 미안하여, 혹시 걸리면 내가 돌봐 줄 거라고 큰소리로 약속하니 감사하다고 웃는다. 앞날을 알 수 없지만 아프더라도 요양원은 가기 싫고 남편도 보내고 싶지 않다. 그러자면 건강해야 하니 서로 운동에 힘쓰자고 손가락 걸고 약속했다.

  젊은 시절 이름있는 직장을 다니면서 자랑할만한 직책으로 뽐냈지만, 지금은 '어르신'이라는 단어 하나에 갇혀버렸다.

  건강이라는 나무 잎사귀가 달랑달랑 붙은 가을 나무는 언제 바람이 불어 그 잎이 떨어져 버리지 않을까 걱정하며 오늘도 철봉에 매달린다.

버팀목

　기쁨이 여러 형태로 찾아오듯 슬픔 또한 여러 가지로 마음 아리게 찾아온다. 부모의 죽음, 지인들의 배반, 사회의 어두운 소식, 남북의 대치가 마음을 어둡게 하고 가슴을 먹먹하게 만든다.
　또 내 마음을 아프게 하는 것은, 지인들이 이런저런 이유로 멀어지는 일이다. 마음을 나누고 뜻을 같이하다가 어느 날 남이 되어 등을 돌려 버릴 때의 슬픔, 그건 친구에게서 멀어진 외로움이다.
　처음 이별의 슬픔을 맛본 것은 초등학교 때였다. 단짝으로 있던 친구가 어느 날 전학을 갔는데 인사도 없이 떠났다. 선생님으로부터 이야기를 들은 나는 엉엉 울면서 집에 돌아왔다. 어머니가 무슨 일이 났냐며 놀라 뛰어나왔다. 다음날 친구 집에 찾아가니 낙엽만 마당을 굴러다녔다. 고무줄놀이도 같이하고 사방치기도 하며 즐겁게 놀았다. 숙제도 함께 하면서 우리 우정 변치 말자며 손가락을 걸었던 친구였다. 나한테도 말을 안 하고 떠나다니 어떻게 그럴 수 있느냐며 며칠을 그 아이 때문에 쫑알거렸던 기억이 난다.

  나는 모태신앙이다. 결혼 후에도 안양에 와서 교회를 정해 다니기 시작하여 오늘에 이르고 있다. 이곳도 예외는 아니어서 잘 다니던 교우가 어느 날 갑자기 사라지는 일이 있다. 무슨 일인가 알아보면 인간관계의 작은 다툼이 있었다고 한다. 나하고는 상관이 없는데도, 전화하면 받지 않는다. 나중에 소식을 접하면 다른 교회에도 나가지 않는다고 한다. 안타까운 마음에 잠이 안 온다.

  사진을 공유하는 인터넷 카페를 가입하고 보니 그곳에서도 마찬가지이다. 온라인상이라고는 하나 사진을 공유하며 사진평을 하고 격려하면서 마음을 나누다 보면 어느새 정이 드는 사람이 있다. 본명은 모르고 별명으로만 통하지만 매일 카페에서 인사하는 게 즐겁고 행복하다. 그런데 어느 날 갑자기 그 사람도 사라지는 것이다. 어제까지만 해도 댓글로 대화를 나누었는데, 간다는 인사도 없이 귀띔도 없이 온데간데없이 자취를 감춘다. 그럴 때 인간관계의 허무를 느낀다.

  아파트경비실 아저씨도 아침저녁으로 인사를 나눴음에도 그만둘 때는 소리소문도 없이 사라지는 경우가 있다. 아파서 요양을 떠났거나 저세상에 먼저 갔거나 하는 특별한 경우를 제외하고는 누구나 작별 인사 정도는 하고 떠나는 게 예의라는 생각이다.

진정한 인연과 스치는 인연은 구분해서 맺으라는 말이 있다. 진정한 인연이라면 최선을 다해 좋은 인연을 맺도록 노력하고, 스쳐 가는 인연이라면 무심코 지나쳐야 한단다. 그것을 구분하지 못하고 만나는 모든 사람과 헤프게 인연을 맺어 놓으면 좋은 인연 대신 어설픈 인연만 남는다. 그들에 의해 마음을 다치게 된다는 의미 같다.

그렇지만 네 이웃을 네 몸과 같이 사랑하라는 기독교 정신에 비추면 설사 배반당하고 아픔을 주더라도 사람 사귐에 있어 진실하고 최선을 다해야 한다는 생각이다. 누가 나를 하찮게 여기고 경솔히 취급하였다 해도, 내 마음에 거짓 없이 진솔하다면 그들이 내게 준 아픔은 자신들이 언젠가는 알게 되지 않을까? 작은 인연, 스쳐 가듯 만나는 나그네 같은 길의 만남이라도 정직하게 최선을 다하는 사귐이 되었으면 하는 게 나의 작은 소망이다.

혹시 나도 사람들에게 상처를 준 적은 없을까? 어쩌면 무심하게 한마디 던진 것이 아픔과 눈물이 된 사람도 있을 것이다.

얼마 전에 들은 이야기다. 이십 년 전이던가 성가대에서 음이 자주 틀리는 한 교우에게 집에서 연습 좀 해 오라는 말을 했다고 한다. 그 말이 가슴에 맺혀 세월이 흘러도 섭섭함을 잊지 못한다는 이야기를 다른 사람을 통해 듣게 되었다. 나는 생각도 안 나는 이야기였다. 나 때문에 누군가 상처를 받았다는 말을 듣고 나는 망치로 한 대 얻어맞은 것처럼 아팠다.

며칠 몸살을 하다 용기를 내 찾아갔다. 당황하는듯한 그에게 정중히 사과했다. 잊지 못할 만큼 큰 상처였다면 용서하고 마음을 풀라고 했다. 나는 별 뜻 없이 한 이야기지만 상대가 가슴 아팠다면 내 잘못이 맞다.

꽃이 피었다 지는 일도 슬프다. 이름 모를 꽃으로 피어나 아무도 봐주지 않는 산속 어느 모퉁이에서 자기가 아름다운 줄도 모르고 지는 꽃. 너무 고와서 사진이라도 찍어둘 양으로 며칠 후에 카메라를 들고 가면 꽃은 이미 시들고 없다. 가슴이 아리다.

내가 나이를 먹는 일도 그러하다. 마음은 아직 철부지고 단순하다. 나이 먹었다고 할머니라 불리며 대접받으면 깜짝 놀라 옷깃을 여민다. 그동안 무엇을 했는지 지나간 세월에 미안한 마음이 든다. 선물로 받은 귀한 인생길을 소홀하게 여기며 살아온 것은 아닌지. 슬픔이 밀물처럼 밀려온다. 이제야 늙나 보다.

더욱 슬픈 일은 내가 아직 백 년을 더 살 것 같은 마음으로 살고 있다는 것이다. 분명 내 인생의 종착역도 가까워지는데 영원히 살 것 같은 기분으로 하루하루를 지내왔다. 눈이 아프다는 핑계로 책도 읽지 않았다. 생각해 보니 그것도 슬픈 일 중 하나다. 글을 통해서라도 여행을 해야 하는데 안일하게 집에만 있으니 우물 안 개구리가 틀림없다.

나를 기쁘게 하는 것은 없을까 곰곰이 생각해 본다. 나에게도 분명 행복한 일들이 많았다고 생각하니 갑자기 친구들이 그립다.

나에게는 진실한 친구가 몇 명 있다. 중학교 친구, 고등학교 친구, 교회에서 만난 친구. 이들은 모두 몇십 년을 한결같은 마음으로 내 곁에 있다. 멀리 있는 친구도 마음은 지척이다. 미국에 사는 친구가 카톡으로 날마다 안부를 전해온다. 몇 년에 한 번 만나도 며칠 전에 본 듯 대화에 거침이 없다. 어떤 말을 해도 모두 내 편이고, 무조건 나를 믿어 주고 격려해 준다. 극단적인 예로 내가 감옥에 갈 잘못을 저질렀다고 이야기해도 그럴 수밖에 없는 상황이었을 거라 이해하며 함께 울어줄 것 같은 친구들이다. 이별이란 우리 사이에 죽음밖에 없다고 생각한다. 살아가는 길에 든든한 버팀목이 되어주는 반려자들이다.

우리 가정도 기쁨의 원천이다. 부부가 화목하고 이만큼 건강하고 아이들도 큰 부자는 아니지만 남을 돕기도 하고 무엇보다 형제간 우애가 돈독하니 마음 뿌듯하다. 진정한 부자다. 귀여운 손자들 커가는 모습을 지켜보는 것도 큰 행복이고, 가족이 함께 하는 믿음 생활은 또 얼마나 감사한 일인가. 이 모든 것이 나를 슬프게 하는 일들을 잊게 해 주는 방패가 된다.

낮아지면 보이는 것

　취미 생활로 사진을 찍기 시작했다. 걷기운동도 되고 아름다움을 담아 보관하는 기쁨도 누릴 수 있어 도랑 치우고 가재 잡기의 속담을 실천하게 되었다. 초보자인 나는 풍경을 담기 좋아해서 경치가 아름다운 곳을 찾아다닌다. 그러나 매번 먼 곳으로 다닐 수 없어 가까운 곳으로 눈을 돌렸는데 의외로 가까운 곳에 풍경 좋은 곳이 많다.

　우리 집 앞에 있는 공원은 봄에는 산수유, 벚꽃, 목련, 진달래, 여름에는 함박꽃, 금계국, 장미, 목백일홍. 가을엔 코스모스, 국화, 단풍이 피고 진다.

　너도바람꽃, 노루귀와 같은 야생화는 이른 봄에 낮게 피는 꽃이다. 그것들을 제대로 카메라에 담으려면 무릎을 꿇고 엎드려야 한다. 위에서 내려다볼 때는 그냥 예쁘고 색이 곱다고 했는데 엎드려서 올려다보니 잎의 모양, 줄기의 솜털, 꽃의 갈라짐이 곱다 못해 신비함으로 다가온다.

공원이 가깝다 보니 아침 일찍 볼 때가 많다. 잎이나 꽃잎 끝에 맺혀 있는 이슬방울을 만날 때면 가슴이 콩닥콩닥 뛰어서 카메라 잡은 손이 떨릴 정도다.

심호흡하고 다가가서 가만히 들여다보면 여명 속에 비치는 맑고 고운 이슬방울들은 반짝반짝 빛나는 보석이 된다. 거친 내 심장 소리에 혹여 이슬방울이 놀라서 떨어질까 걱정되어 하늘을 쳐다보며 흥분을 가라앉힌 후 다시 조심스레 들여다본다. 잔잔한 행복이 샘물처럼 퐁퐁 마음을 적신다. 아름다움의 극치다. 맑고 투명한 이슬방울은 진실의 거울처럼 주위의 사물을 담아 보여 준다.

빨간 꽃이 있으면 빨갛게, 노란 모자가 보이면 노랗게, 하얀색의 아파트까지 이 작은 이슬방울은 아름답게 담아 준다. 요술램프 같기도 하고 요정 같기도 하여 나와라, 뚝 딱! 하면 톡 튀어나올 것만 같다.

언젠가 거미줄에 매달린 이슬방울을 담았는데 집에 와서 컴퓨터에 넣어보니 내 얼굴, 몸까지 선명하게 담겨있어 내가 저 속에 들어갔던 것은 아닐까 하며 아름다운 상상에 빠져 행복했던 적도 있다.

낮에는 땅 온도가 높다가 밤이 되면 내려가는데 땅에서 자라는 식물 온도도 함께 내려간다. 그러다가 이른 아침이 되면 땅과 식물 근처에 있던 공기가 차가워지면서 풀이나 나무에 부딪혀 물방울이 생긴다. 이것을 이슬이라고 하는데 봄과 가을에 많이 맺힌다고 한다.

이슬에 대한 옛 기록이 조선 시대에만 약간 있는데 감로로 표현되어있다. '1426년(세종 8년) 헌릉의 소나무와 잣나무 위에 감로가 내렸고, 또 경복궁 후원에도 내렸으며, 황주에도 내렸다. 1434년 3월 감로가 광주의 헌릉에 내렸고 경복궁 후원에도 내렸다. 1436년 정평과 영흥에 감로가 내렸는데 색깔이 희고 맛이 꿀과 같이 달았다.'라고 적혀있다.

나는 궁금하여 그 맛을 체험하기로 하고 이슬방울을 손가락 끝으로 잡으려 하였다. 하지만 안타깝게도 내 손이 닿자마자 이슬방울은 사르르 녹아 없어졌다. 그래서 엎드려 고개를 숙이고 이슬방울에 혀를 대 봤다. 기분이 그래서인가 살짝 달달한 맛이 느껴진다. 이슬이 꿀과 같이 달기야 하랴마는 그렇게 글 쓴 사람은 농사에 유익을 주는 이슬이니 마음속으로부터 단맛을 느끼고 꿀맛이라고 표현한 것이 아닌가 생각해 본다.

성경에도 이슬에 관한 이야기가 많은데, 연간 강수량이 크게 부족한 팔레스타인에서 이슬은 농작물이나 목초지에 더없이 소중한 보물이라고 한다. 절대 건조기인 여름철에는 지중해에서 수분을 머금은 바람이 불어와 그것이 한밤에 급격히 떨어진 기온과 만나면서 새벽녘에 많은 이슬을 맺는다고 한다. 산악 지방에서는 그 정도가 비에 버금갈 만큼 많았다. 그래서 이슬은 번

영, 은택, 하늘의 복이라고 하였다.

　인생의 허무함을 말해 주는 것이라고만 생각했던 이슬이 비처럼 농작물이나 목초에 도움을 준다고 생각하니 한없이 소중하게 느껴진다.

　내가 낮아지면 친구들의 장점을 발견할 수 있다. 대등하게 마주 보면 단점이 보여 비난하거나 공격하게 되는데 나를 낮추고 겸허하게 마음을 비우면 친구들의 좋은 점을 발견할 수 있어 행복하다.

　내 영혼도 그렇다. 겸손히 낮아질 때라야 십자가가 보이는 것이다. 욕심을 버리고 교만을 버리고 자랑을 버렸을 때, 옆에 계시는 주님이 보이고 마음 중심에 모실 수가 있다. 낮아짐의 표상이신 예수님을 본받으려고 애쓸 때 교우들의 사랑도 보인다. 병든 자를 긍휼히 보셨던 주님을 생각하며 엎드릴 때 이웃의 아픔과 어려운 이들의 눈물이 보인다. 온몸을 낮추고 두 팔을 벌릴 때 주님의 인자한 손길이 내 온몸을 어루만지시는 것이다.

　낮아지면 보이는 것, 온전한 주님의 사랑이다. 맑고 작은 이슬방울을 찍으며 얻은 소중한 생각이다.

권금성

    손주들이 휴가 간다고 짐을 싸며 싱글벙글한다. 이 더운데 어디로 가느냐고 걱정스레 물었더니 "할머니 걱정하지 마. 스파파크에 가면 실내에서 물놀이하고 놀이 기구도 있어." 손자 녀석이 아는 체를 하며 말한다. 여름철 빼놓을 수 없는 물놀이와 숙식을 한 곳에서 해결할 수 있다고 아들이 보충 설명한다. 아들이 어렸을 때는 여행을 많이 하지 못했다. 그 한풀이를 하려는 듯 매년 여기저기 많이도 간다.
    그때는 자가용이 없는 시절이라 여행 한번 하려면 고생할 것을 각오해야 했다. 보따리를 끌고 아기를 등에 업고 버스를 타야 한다. 야외에서 밥을 해 먹는데 그것도 추억이라고 고생할 걸 뻔히 알면서도 남이 갔다 왔다고 하면 부럽다. 우리도 가자고 하면 "애들이 좀 크면 갑시다." 남편이 말해 친구들 나들이 애기를 들으며 대리 만족했다.

　아이들이 크고 휴가 다닐만할 때는 남편은 회사에 묶여 눈치만 보았다. 휴가를 반납하고 집에서 수박이나 자르기 일쑤였다. 말단사원 때는 윗사람 눈치 보느라 휴가를 못 찾아 쓰고, 진급하여서는 아랫사람 편리를 봐준다고 다 다녀온 후에 날을 잡았다. 휴가 열기가 끝난 후라 뒤늦게 떠나기가 계면쩍고 갈 곳도 마땅치 않았다.

　그 해도 마찬가지여서 부원 직원들이 다 다녀온 끝에 11월 초로 휴가를 신청했다. 툴툴거리는 나에게 바람이나 쐬자며 떠났는데 목적지가 설악산이다. 늦게 단풍이 드는 곳을 가려면 내장산 쪽을 가야지 왜 끝판인 설악산을 가는지 영 마땅찮았다. 운전하는 옆에 앉아서 쫑알거렸다. 남편이 인간사가 다 내 마음대로 되는 게 아니니 좀 너그럽게 살자며 다독인다. 휴가철은 그렇더라도 휴가지라도 어울리게 잡아야 하지 않냐고 하니, 설악산은 우리가 신혼여행 다녀온 곳이라 정했다고 한다. 나름 배려한 결정이었다.

　신혼여행 하면 등산복 입고 비행기를 타서 신혼부부들에게 주는 선물도 못 받고 울산바위 밑에서 쪼그리고 앉아 밥을 해 먹던 기억이 있다. 호텔도 아닌 모텔에서 신혼 첫날을 지내고, 외식하자고 말했더니 짜장면집으로 데려가던 좀팽이 신랑이다. 뭐 아름다운 추억이 있다고 그곳에 가냐고 뽀로통하게 말했다. 남편은 그러니까 더 가야 한다면서 과일을 깎아 입에 넣어달라

한다. 룰루랄라 노래하며 설악산으로 향한다.

 예상했던 대로 단풍은 끝물이다. 그런대로 몇 나무는 단풍을 쥐고 있다가 우리에게 인심 쓰듯 풀어 놓는다. 그해 단풍은 강렬해서 몇 나무이긴 해도 예쁘고 멋스러웠다. 마음이 풀린 나는 이곳저곳을 다니며 사진을 찍고, 단풍잎을 주워 책갈피에 넣었다.

 점심을 먹은 후 권금성에 오르려고 줄을 섰다. 계절이 끝물인데도 우리 같은 사람들이 모여서 제법 줄이 길다. 표를 끊고 보니 11,000원이다. 설악산 입장료보다 비쌌다. 남편이 설명했다. 고려말 몽고가 침입했을 때다. 권씨와 김씨 두 가지 성을 가진 사람들이 하루 만에 성을 쌓고 일가친척들을 이곳에 피신시켰다고 하여 권금성이라 불린다고 한다. 설악 산성이라고도 불리는데 둘레가 약 3,500미터라 한다. 성은 거의 다 허물어져 볼품이 없는데, 주변 경관이 좋아 많은 사람이 오르내리고 있다.

 삼십 분 족히 기다리다 케이블카를 타고 오르니 좌우 골짜기에 단풍이 빨갛다. 토왕성폭포까지 보여 기분이 좋았다. 해발 700m 높이의 권금성까지 10분이면 도착한다. 유리창 너머로 보이는 울산바위와 만물상이 늠름하다.

 권금성에 닿으니 와! 하는 탄성이 여기저기서 나온다. 흰 눈이 권금성 전체를 덮고 있다. 11월에 눈이라니! 예상치 못한 보너스다. 하늘이 준 선물이 틀림없다. 눈으로 뒤덮인 권금성이 동화의 나라로 둔갑했다. 우리는 초대된 공주와 왕자가 되었다. 모두 들뜬 마음으로 함성을 지르며 눈에다 발자국 찍기에 바빴다.

커피집으로 발걸음을 옮겨 커피 한 잔 받아 들고 주위를 둘러보니 이곳만 눈이 왔다. 아래로 보이는 골짜기나 울산바위엔 눈이 없다. 단풍나무가 마지막이 아쉬운 듯 예쁜 색깔을 바람에 날린다. 가을과 겨울이 공존하는 아름다움이다. 하나님이 내게 주신 선물인 듯 기뻤다. 그동안 휴가다운 휴가를 즐기지 못한 나에게 주는 선물처럼 느껴진다. 열 번 생각하고 백번을 생각해도 이 아름다운 첫눈은 나만을 위한 이벤트임이 틀림없다. 옆 사람들은 다 나 때문에 이런 호강을 누리는 거라 생각하니 어깨가 으쓱했다.

몇 년 전 이야기인지 계산도 어렵다. 그 순간의 황홀했던 기억만 아직도 생생하다.

요즘은 여행 간다고 학교에 이야기만 하면 체험 학습이라고 해서 결석으로 처리하지 않는다. 회사에도 연차를 내면 언제고 휴가를 잡을 수 있다.

그렇지만 어렵게 잡은 여행길에 생각하지 않았던 행복까지 쏟아진 기분을 느껴보지 못한 사람들은 알지 못할 것 같다.

아이들이 들뜬 모습으로 짐 싸는 모습을 보면서 모처럼 아름다운 추억을 떠올린 나는 덩달아 행복하다.

과대광고

큰손주가 초등학교를 졸업한다. 내 품에서 자란 손주라 더 사랑스럽고 애착이 간다. '산타 할아버지 좋은 자전거가 필요해요' 나 들으라고 크게 기도하고 졸업 때는 근사한 선물 달라며 뻔뻔하게 들이대는 손주가 밉지 않다. 올해 중학교에 간다고 벼슬이나 한 것처럼 으스댄다.

6살 터울인 작은 손주는 유치원을 졸업하고 초등학교에 들어간다. 1월은 작은 손주 생일이 있고, 큰아들과 작은아들 생일도 있어 잔치가 줄을 섰다. 초등학교와 중학교에 들어가니 돈 좀 써서 선물을 사줘야 할 텐데 어떻게 해야 하나 걱정이 가슴을 은근히 짓누른다.

이 녀석들은 할아버지, 할머니가 돈이 많은 줄로 안다. 아빠, 엄마를 졸라도 안 나오는 선물들이 할아버지, 할머니 귀에만 들어가면 척척 나오니 그렇게 생각하는 것 같다. 나 역시 손주에게는 좀 있어 보이고 싶어서 웬만하면 요청을 들어준다.

어느 신부님의 강연을 들은 적이 있다. 몸이 아파 누워있는 할아버지 방에 애들이 잘 오지 않아 하루에 겨우 세 번 방문이 열렸다. 외로운 할아버지가 꾀를 냈다. 아들을 불러 논 세 마지기 팔아 현금으로 다 바꿔오라고 해서 이불 밑에 깔았다. 그러고는 손주 녀석들이 문을 열고 인사할 때마다 돈을 꺼내 주기 시작했다. 초등학생은 천원, 중학생은 만원, 며느리는 오만 원, 안마를 해주면 보너스를 줬다.

자연스럽게 입소문이 퍼졌다. 하루 한 번 오던 녀석은 두 번 오고 좀 멀리 있는 손주들도 주말이면 할아버지를 찾아와 집안이 활기를 찾았다. 며느리의 간식 쟁반도 자연스럽게 횟수가 늘었다. 할아버지가 더는 외롭지 않게 사는 방법이라 한다. 좀 극단적인 이야기지만 고개가 끄덕여진다.

우리 손주들은 일주일에 한 번은 만난다. 한 번은 우리 집에서, 한 번은 아들 집에서. 만나면 금세 헤어지는 것 같고, 뒤돌아서면 또 보고 싶다.

욕심이라 더 바라지는 않지만 이런 만남을 계속 이어가고 싶은 게 솔직한 바람이다. 그러자면 손주들을 끌어올 자석을 주머니에 두어야겠다고 생각한다.

코앞에 닥친 두 손주 졸업과 입학을 어떻게 해야 하나 며칠 고민하다 에라 하고 방 깊숙한 곳에 찔러 두었던 수표를 한 장

꺼냈다. 봄에 수필집을 출간하려고 고이고이 숨겨 두었던 거다.

드디어 큰손주 초등학교 졸업식에 참석하고 짜장면을 먹었다. 그리고 손주 집으로 가서 에헴! 헛기침 한 번 하고 애들을 불렀다.

"옜다. 여기 백만 원이다."

순간 큰손주 녀석 눈이 휘둥그레졌다.

"와! 아!"

탄성이 끊이지 않는다. 나는 다시 목소리를 가다듬었다.

"이것으로 큰놈 작은놈 졸업, 입학, 에미 구정에 친정에 사갈 부모님 선물비, 작은놈 생일, 아비 생일까지 다 포함된 것이니 어미가 알아서 잘 분배해 써라."

내 말에 며느리 표정은 그저 그렇고 아들은 감격하고 큰손주 녀석은 놀라고 작은 손주 녀석은 영문도 모르면서 좋아하고 할아버지 표정은 그냥 흐뭇하다.

금쪽같은 백만 원짜리 수표는 이미 며느리 손에 넘어가고 상에 올려진 과일을 집는 내 손은 수전증처럼 떨린다.

이 돈을 모으려고 아르바이트도 하고 먹는 것도 아꼈는데 아이들은 그걸 알기나 할까? 혹시, 과대광고는 아닌가?

(할머니는 돈이 많아요. 할머니에게 잘하면 언제나 돈이 나와요. 큰손주 작은 손주님 잘 봤지요? 그러니까 앞으로도 할머니에게 친절해야 해요.)

광고가 제대로 먹힐지 과대광고로 전락할지 결과는 세월에 맡겨야 할 것 같다.

4부 예쁜 거짓말

내 사랑 까뮈
흔적 지우기
꽁치구이
선글라스
얌통머리 없는 놈
할머니의 사랑
옹이 빼기
등선폭포
앵두
예쁜 거짓말

상념에 잠겼던 쪼글쪼글한 얼굴에
아기 같은 미소가 번진다.
― 「할머니의 사랑」 중에서

내 사랑 까뮈

 예고도 없이 큰며느리가 두 달 되었다는 강아지를 품에 안고 들어왔다. 병아리만 한 강아지는 털이 새까맸다. 손에 안기도 조심스러울 만큼 작지만, 눈이 초롱초롱 빛났다. 우리 내외만 살던 시절이어서 외롭게 보였는지 반려견을 하라고 분양받아 왔단다. 미리 이야기하면 반대할까 봐 깜짝 선물로 데리고 왔다고 한다. 나도 생각해 보기는 했지만, 강아지 키우면 돈이 많이 들고 또 여행 갈 때 어떻게 하나 하는 생각이 들어 엄두를 못 내고 있던 차였다. 큰아들 내외가 눈치라도 챈 듯 데려왔으니 키워야겠다고 마음먹었다. 조심스레 받아 안으니 끙끙거리며 어리광을 피운다.
 이름을 지어야 하는데 마땅한 생각이 나지 않는다. 바둑이라 할까, 뽀미라 할까 여러 가지 생각해 보다가 까만색이니 까미라

지으면 좋겠다는 생각이 들었다. 남편이 좀 생각하는 강아지가 되게 철학자 겸 소설가인 알베르토 까뮈 이름을 따서 까뮈라 하자고 한다. 그렇게 이름 지어진 까뮈는 며칠 지나지 않아 우리 사랑을 독차지했다.

애견 병원에 이름을 까뮈라고 올렸지만 부르기 쉽게 까미로 부르기로 했다. "이제부터 네 이름은 까미란다." 말해주고 부르니 금방 알아듣고 고개를 든다.

요크셔테리어인데 예전에는 쥐잡기용으로 키웠다고 한다. 영리하여 소, 대변도 금방 가렸다. 신문지를 베란다에 깔아 놓으면 알아서 나간다. 행여 문이 닫혀 있으면 문 열어 달라고 낑낑거려 사람과 다름이 없다고 웃곤 한다. 말을 걸면 고개를 좌우로 갸우뚱거리며 무슨 뜻인지 모르겠다는 표정을 짓는데 아기처럼 귀엽다. 작은 공을 좋아해서 늘 물고 다닌다. 한번 던져주었더니 재미가 있는지 우리가 앉아 있기만 하면 공을 물어 와서는 던져 달라고 조른다.

운동시키려고 공원에 데리고 나가면 조금 걷고는 다리 아프다고 낑낑대며 꾀를 부린다. 안고 다니다 다른 강아지를 만나면 무서운지 고개를 내 가슴에 묻어 보호 본능을 자극했다.

여행 갈 때가 문제였다. 혼자 두고 갈 수가 없어 강아지용 가방에 넣어 숙소에 들어갔다.

"까미야, 조용히 해! 안 그러면 너 쫓겨나."

내 말을 알아들었는지 까미는 머리를 가슴에 파묻고 가만히 있는다. 방에 들어와서 이제 괜찮으니 나오라고 하면 고개를 쏘옥 내미는 게 영락없는 장난꾸러기다. 잘 때도 혼자 자는 법이 없다. 남편과 내 사이로 들어와서는 팔베개를 해줘야 잠이 든다. 그렇게 까미와 여행을 세 번 다녀왔다.

한번은 배를 타고 가는 중인데 까미가 가방 밖으로 머리를 쏙 내밀어 머리를 손으로 눌러 집어넣었다. 그때 한 아주머니가 강아지 숨 막혀 죽겠다고 꺼내 놓으란다. 그녀도 집에 강아지를 키운다며 이쁘다고 쓰다듬어 준다. 이렇게 힘든 여행을 세 번 하고는 여행을 포기하던지, 까미를 누구에게 맡기고 가자고 결론지었다.

어리광만 늘어 밥 먹을 때도 옆에 지켜 앉아 잘 먹는다고 칭찬하고 얼러야 먹는다. 사료만 주고 가끔 삶은 달걀노른자나 멸치 물에 삶은 것, 고구마 꾸덕꾸덕 말린 것, 삼겹살은 간 없이 구운 것을 주는데 많이 먹는 편은 아니다. 우리가 외출할 기미가 보이면 한구석에 가만히 앉아 있고, 공원에 가자 말하면 껑충껑충 뛰며 쫓아온다.

강아지 키우는 사람을 보면 '그 돈으로 불우이웃이나 돕지' 하고 비판하던 나였는데 까미와 정이 들고부터는 생각이 달라졌다. 옷 사주거나, 예방주사를 맞거나 간식을 사주는 돈이 하나도 아깝지 않다. 한 생명체로 가슴으로부터 사랑이 솟아 나온다. 어디를 가도 데리고 다니고 싶다.

이런 까미에게 위기가 닥쳤다. 아기 손자가 우리 집에 같이 살게 되었기 때문이다. 아기가 무서워하고, 강아지를 같이 키우면 좋지 않을 것 같아 눈물을 머금고 양자로 보낼 마음을 먹었다. 여러 사람을 생각해 보았지만, 마땅히 보낼 곳이 없다.

강아지를 키우다 명을 다해 죽은 집에 말하면 이제 아픈 마음 다시 맛보기 싫다며 거절한다. 강아지를 달라고 말하는 사람은 잘 키울 것 같지 않아 보내기가 미덥지 않다. 고르고 고르다가 강아지를 잘 키울 집을 찾아서 보내려고 하니 마음이 아프다. 까미를 배반하는 것 같고 자식을 떼어내는 아픔으로 가득하다.

얼마 전에 중국에 사는 둘째 아들 집에 두 달 가 있어야 할 사정이 생겨 친구에게 부탁했었다. 다녀와 보니 밥을 안 먹어서 살이 쑥 빠져 가슴이 아팠던 적이 있어 마음이 무겁다.

이런 마음을 알아차린 둘째 아들이 식구인데 어디로 보내느냐고 하여 얼씨구나 하고 같이 키운다. 그렇지만 아기에게 지장이 있으면 안 되니까 목욕도 자주 시키고 혹시 아기가 주워 먹을까 봐 까미 밥그릇도 멀리 둔다.

처음엔 아기가 무서워하더니 이제는 까미를 안아주기도 하고, 공도 던져주고 귀찮게 굴면 큰소리로 야단도 친다.

예전에는 개를 마당에서 키우다가 복날이 되면 동네 사람들과 잡아먹었다는데 지금은 애완견으로 집안에 끌어들여 키우는 일이 유행처럼 번져 간다. 외로운 사람들에게는 친구처럼, 자식처럼 소중하게 키워져서 여행도 함께 하고, 좋은 것을 먹이고 예쁜 옷을 입히기를 즐겨한다. 그러나 다른 한편으로는 유기견으로 버려지는 강아지도 일 년에 수백 마리가 된다고 한다. 좋다고 키우다 강아지가 병이 나거나 사정이 생기면 그냥 길에 버려두고 가는 사람이 많아졌기 때문이다.

강아지가 사람을 선택한 것이 아니라 사람이 필요해서 데리고 와 얼마간 예뻐하다가 휴지 버리듯이 버린다. 이것은 개보다 못한 행동이다. 위험에서 주인을 구하는 용감한 개들의 이야기에 부끄럽게 생각해야 할 것이다. 그런 사람은 친구들과도 신의를 지킬 리 없다고 생각한다.

한편으로는 유기견을 데려다 키우거나 유기견 센터에 가서 돌보는 고마운 사람들도 있다. 배우 이용녀는 유기견 60마리를 키우는데 이유는 단 하나, 인간이 다 나쁜 것은 아니라는 것을 보여 주고 싶기 때문이란다. 사료값만 한 달에 120만 원이라고 한다. 강아지들이 아파서 병원에 갈 때는 또 얼마나 들까. 이렇게 고마운 사람들이 있어 이 세상은 그런대로 잘 돌아가는 것 같다.

유기견을 예방하기 위해서, 혹은 반려견을 잊어버렸을 때 찾기 위하여 몸속에 칩을 넣는다. 강아지 이름과 키우는 사람의 주소와 전화번호를 적어 두는데 사고가 났을 때도 주인 찾기가 수월하기 때문이다.

강아지가 교통사고를 당해 병원에 오면 칩이 내장되어 있나 먼저 살피고, 칩이 있으면 응급치료하고 보호자에게 연락하고 칩이 없으면 치료도 안 하고 안락사시킨다고 들었다.

우리는 얼른 병원에 가서 칩을 넣었다. 잊어버렸을 때와 사고 났을 때를 대비하기 위해서다.

그래, 까미야, 우리는 너를 버리지 않을 거야. 함께 행복하게 살자.

동물병원에서 문자가 왔다.

'내일은 까뮈 예방 접종일 입니다.' 하고.

흔적 지우기

 추억이라고 다 아름다운 건 아니다. 내게는 가슴 아프고, 후회되고, 지워버리고 싶을 만큼 안타까운 일이 많다. 잘못 결정한 조합 주택으로 인해 큰 손해를 본 일이라든지, 작은 오해로 금이 가버린 친구와의 관계는 생각하면 할수록 가슴을 찌르는 날카로운 칼이 되어 아프고 쓰리다. 그때로 다시 돌아갈 수 있다면 타임머신을 타고 날아가서 잘못을 고쳐 잡고 후회되는 일을 만들지 않을 텐데 말이다.

 까미의 일도 그중 하나다. 사랑하는 반려견 우리 까미가 무지개다리를 건너간 일이다. 13살이 되어 힘이 없고 기침으로 고생하였지만 그렇게 빨리 갈 줄은 몰랐다. 잘해 주지 못한 생각들이 뾰족한 송곳이 되어 내 마음을 콕콕 쑤신다.

 허리 골절로 병원에서 삼 주를 보내고 집에 오니 까미가 나를 기다리느라 현관 앞에서 잠을 자더라고 남편이 말한다. 밥도 아주 조금밖에 안 먹는다고 걱정한다. 나를 기다리느라 밥도 거르고 쪽잠을 잤을 까미가 측은하고 안쓰러워서 얼른 안아보니 몸이 무척이나 가볍다. 먹지도 않고 애간장 태웠을 까미가 불쌍해서 안아주며 하루를 보냈다.

까미가 가던 날, 지인이 병문안 와서 이야기하고 있었다. 까미가 힘없이 옆에 와서 눕길래 네 집에서 자고 있으라고 하고 점심을 먹으러 나갔다. 집 근처 음식점에서 먹었으니 한 시간 반 정도 지나 지인과 헤어져 집으로 들어왔다. 현관문을 열고 평소에 하던 대로 까미야 부르며 들어 왔는데 까미가 힘없이 제 방에서 나와 쓰러질 듯 휘청거리며 나에게 기어 온다. 나는 힘들지 않게 하려고 달려가 까미를 안았다.

그 순간 까미가 죽었나보다. 사랑하는 까미가 죽었는데 나는 알아차리지 못했다. 또 다른 지인이 초인종을 눌러 문을 열어주려고 안았던 까미를 현관 앞에 내려놓는데 몸이 더 가벼운 느낌이 들었다. 들어오던 지인이 놀라 소리쳤다.

"까미야, 너 왜 그렇게 누워있니! 죽은 거 아니야?"

깜짝 놀라 안아보니 힘이 다 빠지고 축 처진다.

모임에 나간 남편에게 전화하여 곧 달려오고, 기절한 건지 죽었는지 확인한다며 병원으로 데려갔다. 나는 얼빠진 사람처럼 말이 안 나오고 눈물도 안 나왔다.

까미가 죽은 게 확실하다며 화장시키고 오겠다는 전화가 왔다. 내가 울고 난리 칠까 봐 집에 들르지 않고 바로 간다고 한다. 우리 집 창에서 보이는 작은 동산에 묻어 주자고 하니 불법이라고 단칼에 말을 자른다.

남편이 돌아올 때까지 아무 생각도 안 나고 눈물도 나지 않았다. 정말인가. 정말 죽었다는 말인가. 영혼도 없다는데 이제 영영 이별이란 말인가.

몇 시간 후 남편이 돌아왔다. 화장하고 뼈는 그곳에 뿌리고 왔다고 한다. 죽는 순간을 남편에게 보고하는데 갑자기 눈물이 터져 통곡으로 이어졌다.

"죽는 순간을 몰랐어요. 몰라서 작별 인사도 못 했어요. 까미는 날 기다리느라, 내 품에서 가려고 안간힘을 다해 기다렸을 텐데 나는 까미가 가는 순간을 몰랐어요."

남편은 화장시키고 돌아오는 길에 집 앞 공원을 보자 눈물이 왈칵 났다고 한다. 아침마다 운동시킨다고 공원에 다닌 일, 다른 강아지 맘들이 만나면 까미 이쁘다고 안아주던 일, 공원에 나가기 전에는 대변을 참았던 일이 생각 나며 눈물이 나더라고 한다.

우리는 마주 보고 앉아 대성통곡을 했다.

"이제 어떡하지? 생각나면 어찌하나."

걱정하다가 그다음 날부터 흔적 지우기를 시작했다. 까미의 집은 병원에 갔을 때 두고 왔고, 까미의 밥과 간식은 강아지 키우는 지인 집에 주고 쉬 가리는 기저귀도 주었다.

10리터짜리 비닐봉지를 사 와서 벌려 놓고 목욕시킬 때 쓰는 수건이랑 용품들 옷 몇 벌, 장난감, 작은 놀이 기구, 던져주던 공, 약과 약 먹이던 그릇들, 밥 먹이던 작은 그릇까지 모두 담으니 꽉 찼다. 남은 까미 흔적을 찾아 살피고 흔적이 없으면 잊히겠지 하고 구석구석을 뒤져 자취를 지웠다.

보이는 흔적들이 다 없어졌다. 처음 방문하는 사람들은 우리가 애완견을 키웠었다는 사실을 알아차리지 못할 것이다. 도적이 증거들을 지우듯 그렇게 싹 없앴다.

문제는 내 마음이다. 흔적을 지우면 지울수록 그것들이 가슴을 파고들어 분홍글씨처럼 선명하게 새겨진다. 외출했다 돌아올 때면 까미가 어두운데 불을 안 켜두어 어쩌나 하는 생각이 일 초 스쳤다가 '아 까미가 없지!' 한다. 현관문을 열고 들어올 때는 나도 모르게 '까미야.' 하고 부르곤 한다.

아침에 눈을 뜨면 제일 먼저 생각나고 자다가 깰 때도 새록새록 생각이 난다. 왜 나는 그렇게 무뎠을까. 까미는 내 품에서 가려고 아픈 중에도 안간힘을 쓰고 기다렸는데 바보같이 가는 순간을 몰랐다니.

타임머신이 있다면 바로 그 직전으로 돌아가고 싶다. 까미가 가기 전에 뽀뽀 한번 해 주고 '잘 가 까미야, 너로 인해 행복했어. 사랑해 까미야, 잘 가렴.' 이렇게 인사하고 싶다.

내가 안타까워하는 걸 본 지인이 말한다.

"자책하지 마세요. 까미는 사랑 많이 받고 갔잖아요. 이제 잊

으세요. 우리 남편은 칠 년 전에 강아지가 죽었는데 아직도 잊지 못해 울어요, 자기가 몰라서 포도를 먹여 죽었다고요. 그래서 뼛가루를 아직도 보관하고 가끔 햇볕에 말리기도 해요. 벌레 생기지 말라고요, 너무 그러니까 끔찍해요."

또 한 지인이 말한다.

"뉴스에 보니 강아지가 살아 있는데 땅에 묻은 나쁜 사람이 있네요. 까미는 행복하게 살다가 간 거예요."

까미가 우리 집에 오던 날, 생각지도 않았기에 반갑기보다는 어떻게 키우나 하는 두려운 마음으로 덥석 안지 못하던 날, 까만 털에 까만 눈동자가 나를 간절히 쳐다보고 있었다.

'나를 받아 주세요. 나를 사랑해 주세요.'

하는 듯 올려다보던 애절한 눈빛.

여행은 같이 갔지만 고생도 많이 한 까미. 중국으로 손주 보러 갈 때 우리와 떨어져 살았고 돌을 집어삼켜 수술도 했었다.

공원을 다니며 함께 했던 추억이 아름답게 다가오고, 사랑하고 사랑받던 순간순간들. 말은 못 해도 눈빛으로, 행동으로 하고 싶은 말 다 전하던 총명했던 까미.

외출했다 돌아오면 반갑다고 빙그르르, 안아달라고 껑충껑충 앓는 소리까지 내며 달려오던 정 많은 우리 까미.

요즘은 18년도 산다는데 13살에 떠난 게 내 탓인 거 같아 미안한 마음 가득하다. 행복을 가득 안겨주었던 까미. 천국까지 같이 가고픈 내 사랑 까미.

추억 속으로 빠져들어 갈 시간을 안타까워하며 오늘도 내 옆에 있는 듯한 착각에 돌아보고 또 돌아본다. 무지개다리를 건너간 지 3년 지났지만, 까미는 아직도 내 가슴에 산다.

꽁치구이

 연말이 되면 우리 교회는 어려운 이웃에게 연탄 나눠 주는 행사를 한다. 아직도 연탄을 쓰는 집이 있다는 것이 믿어지지 않는데 보고하는 영상을 보니 신기하기도 하고 가슴 아프기도 하다.
 배달하는 집으로 들어가는 길은 좁았다. 교회 청년들이 한 줄로 늘어서서 한 장씩 옆 사람에게 전달하는 방식으로 연탄을 옮겨 쌓았다. 그런 집이 꽤 있는데 영상을 보면 과거로 돌아가는 듯한 착각에 빠지기도 한다.
 어렸을 때 나는 엄마가 연탄불에 구워주는 꽁치를 좋아했다. 석쇠에서 꽁치가 노릇노릇 익어가는 냄새를 풍기면 마당에서 놀다가도 뛰어 들어가 턱을 받치고 앉아 기다렸다. 매일 먹어도 맛있었다. 또 구워 달라고 하면 너 크면 생선 장사에게 시집 보낼 테니 그때 실컷 먹으라고 놀렸다.

꽁치가 익기를 기다리며 옆에 쭈그리고 앉아 있으면 연탄가스를 맡아 머리가 아팠다. 그럴 때면 엄마는 시원한 동치미 국물을 마시게 했다.

그러면서 옆집이 어제 연탄 갈고 잠들었는데 아침에 보니 두 아이가 기절해서 병원으로 데려갔다고 한다. 사람이 연탄가스로 죽기도 한다면서도 네 방 연탄은 네가 갈라고 엄마가 말해 울었던 기억이 있다.

내가 결혼한 후에도 연탄은 없어지지 않았다. 보일러실에 들어가 연탄을 갈려고 하면 이미 연탄불이 꺼져 다시 피우기 귀찮고 어려운 적이 많았다.

연립 주택에 살 때 일이다. 덜 꺼진 연탄을 갈아 끼우다가 스타킹에 불이 붙었다. 빨리 벗겨지지 않아 다리에 화상을 입었다. 지금도 상처가 남아 있다. 그때를 생각하면 지금도 아찔하다.

가을에 김장하고 쌀가마니와 연탄 200장만 부엌 한쪽에 쌓아두면 부자가 된 듯 마음 든든했다. 보기만 해도 배가 불렀다. 그래서 12월 보너스가 나오면 만사 제쳐놓고 쌀과 연탄을 샀다. 그렇게 잔뜩 사놓고 저녁에 꽁치를 구워 먹으면 백만장자도 부럽지 않던 젊은 시절이 있었다.

나이가 들어서도 생선을 좋아해 연탄불에 석쇠를 달구어 자주 구워 먹었다. 지금은 보일러로 집을 덥히고 가스 불로 요리하니 생선을 구울 수가 없다. 요즘은 시장에서 구워 파는 생선을 사 먹는데 내가 좋아하는 꽁치구이는 없어 아쉽다.

　꽁치는 근육 유지를 돕는 단백질과 혈관에 이로운 불포화 지방산이 많고, 등푸른생선으로 오메가-3도 풍부하다. 아침에 달걀, 점심이나 저녁에 꽁치를 먹으면 하루 중 단백질 걱정은 할 필요 없다고 한다.

　성질이 급해서 잡히는 순간 바로 죽기 때문에 잡는 순간 바로 소금을 뿌려 젓갈을 만들기도 한다.

　꽁치는 가을과 겨울에 잡아 말려서 과메기로도 먹을 수 있다. 요즘 어획량이 적어지고 크기가 작아져서 서민이 별미로 먹기에 어려움도 있다. 궁여지책으로 꽁치가 안 나는 여름철에는 어느 셰프의 말대로 꽁치 통조림을 사서 물기를 쪽 빼고 밀가루를 묻혀 프라이팬에 구워 봤는데 별로 맛이 없다. 꽁치는 역시 연탄불에 굽는 것이 최고의 맛이다.

　이번 겨울엔 우리 동네 연탄불 돼지갈비 집에 가서 꽁치를 한번 구워달라고 부탁하고 싶은 마음 가득하다. 꽁치 굽는 냄새가 돼지 굽는 냄새와 만나면 환상적일까? 아니면 손님들이 거부 반응을 보일까?

　상상만 했는데도 구수한 꽁치구이 냄새가 난다.

선글라스

　봄바람 났음이 틀림없다. 바닷가 약쑥을 뜯으러 가자고 친구한테 전화가 왔다. 기다렸다는 듯 승낙하고는 재빠르게 준비를 했다. 쑥 캐는데 필요한 물품을 챙기고 얼굴에 선크림을 발랐다. 거울을 보며 선글라스도 썼다.
　한 시간여의 드라이브는 긴 겨울을 참은 내게 보상해 주는 것 같았다. 궁평항의 바다 냄새와 경치가 내 마음을 몽실몽실 구름 위에 올려놓았다. 선글라스 속에 비치는 궁평항 긴 둑에는 여러 가지 꽃이 피어 저희끼리 봄 잔치 중이었다. 그중 자운영은 나를 기다렸다는 듯 활짝 웃으며 아름다움을 전한다.
　쑥 캐러 온 것을 깜빡 잊고 사진 찍기에 분주했다. 멋 내느라 쓰고 간 선글라스는 머리 위로 젖혔다. 이 꽃, 저 꽃, 멋진 얼굴들을 찍느라 바쁘다. 바다를 막은 둑 반대편 습지의 작은 나무를 발견하고 또 카메라를 들이댄다. 바람든 마음이 두근두근한다.

누군가 일부러 키운 듯 쑥이 풍성하다. 친구들이 환호성을 지르며 달려간다. 모두 재빠른 손놀림으로 쑥 뜯기에 여념이 없다.

나도 카메라를 차 트렁크에 던지듯 놓고 적당히 연하고 탐스럽게 자란 쑥을 손으로 뜯어 검은 비닐봉지에 담았다. 둑 따라 길게 자란 쑥이 지천이다. 횡재를 만난 듯 하하 호호 웃음꽃이 핀다. 하늘도 파랗게 신바람이 났다.

비닐봉지에 쑥이 가득 담겼다. 이만하면 떡도 두어 번 해 먹을 것 같아 만족하며 차를 탔다. 신나게 바닷가를 달리는데 아차, 머리 위에 얹은 선글라스가 손에 잡히지 않는다.

"아뿔싸! 기사님 차 좀 돌려줘! 선글라스를 쑥 뜯다가 흘린 것 같아. 다시 가서 찾아보자!"

쑥은 캐지 않고 사진부터 찍을 때 알아봤다며 친구는 혀를 찼다. 쑥 캐러 오는데 웬 선글라스냐고 놀렸던 친구들도 안타까움으로 한마음이 되어 둑을 향했다.

처음 차를 세워 둔 곳에서부터 쑥을 캐며 내려오던 긴 둑 방 풀밭을 눈 크게 뜨고 열심히 뒤져 보았지만, 선글라스는 어디에도 보이지 않았다. 사진 찍을 때 흘렸나? 쑥을 뜯느라 고개를 숙였을 때 떨어졌나. 기억을 더듬었지만, 생각은 캄캄한 굴속이다.

외국 여행을 앞두고 큰마음 먹고 샀던 비싼 외제 선글라스다. 여행도 눈치 보며 겨우 허락받았는데 선글라스까지 잃어버렸다고 남편에게 말할 용기가 나지 않았다. 혼자 냉가슴 앓으면서

경쾌한 초록별

그 밤을 뜬눈으로 지새웠다.

다음 날 아침 일찍 차를 몰고 혼자 궁평항을 찾았다. 기적이라는 것을 간절히 바라면서 어디쯤인가에서 내 눈에 띄기를 바라고 있을 선글라스를 찾았다. 풀 속을 이리저리 뒤져도 보이지 않는다. 한나절이 넘도록 찾았으나 허탕을 치고 헛헛한 심정으로 차를 돌려 집으로 오는데 내가 한심하다는 생각이 들었다.

평소에도 덤벙거리는 습관과 건망증 때문에 어디 갈 때마다 물건을 놓고 와서 친구들이나 남편이 늘 챙겨준다. 변명할 여지가 없다.

"선글라스야 미안하다. 나는 너를 가질 자격이 없나 보다."

개에게 진주를 던져주었다고 표현하면 너무한가. 허탈함이 가슴을 짓누른다. 그까짓 선글라스가 비싸면 얼마나 비싸다고 이렇게 안달복달을 하는 걸까? 내 마음을 내가 달래면서 중얼거려본다.

주식으로 몇백만 원 날린 것도 아니고 빌려온 진주 목걸이를 잃어버린 것도 아닌데 밤을 꼬박 새우고 이른 아침부터 와서 이리 부산을 떨까. 정말 중요한 것을 잊고 살지는 않았는지 돌이켜 본다.

정의감과 우정을 제일 보물로 가슴에 품고 살았는데 세월의 흐름 속에서 희석되어 물질 우선주의가 된 것일까? 없어도 그만인 것이 안 보인다고 하여 마음 아파하고 있으니 말이다.

자책감이 눈물 되어 주룩주룩 흐른다. 도저히 운전할 수 없어

갓길에 차를 세워 두고 음악을 들으며, 마음 추스르며 많은 생각을 했던 기억이 지금도 생생하다.

혼자 궁평항에 찾으러 갔다는 이야기를 들은 친구들이 모여 선글라스 계를 하자고 의논했다 한다. 친구 아들이 안경점을 개업했다. 이 기회에 선글라스 하나씩 맞추는 게 어떠냐며 의견을 모았나 보다. 덕분에 나는 만장일치로 첫 번째가 되었다. 잊어버렸던 것과 똑같은 것을 맞춰 외국 여행 때 쓰고 나갔다.

그때부터 선글라스는 보물처럼 어디를 가나 손에 꼭 들려 있다. 벌써 몇 년 전 이야기다. 미련은 버렸지만 못 찾은 게 이상하여 그 이듬해에 쑥이 돋기 전, 풀들이 나기 전에 다시 갔다. 누군가 줍는다 해도 내 눈 도수에 렌즈를 맞춘 것이라 다른 사람에겐 소용이 없다. 나 아니면 무용지물이었기에 더 찾아야겠다는 마음이 들었다. 역시 찾지 못하고 씁쓸한 마음으로 돌아왔다.

올해 봄이 오는 소식을 들으니 또다시 쑥과 연관된 잃어버린 선글라스가 궁금하고 그리워진다.

혹시라도 누가 주웠으면 좋겠다. 우연히 눈 도수도 같은 사람이 슬픈 일로 그 둑을 거닐다가 수풀 한 모퉁이에 떨어져 있는 선글라스를 발견했으면 한다. 생각지도 않던 행운에 기분이 좋아져 가벼운 발걸음으로 콧노래 부르며 집으로 돌아갔다면 얼마나 좋을까? 상상만으로도 마음이 푸근해졌다. '그래, 그랬을 거야. 그러니 그렇게 찾아도 없지.'

쑥떡을 해서 맛있게 먹었지만 건망증이나 덜렁거리는 내 습관은 여전하다. 달라진 게 있다면 잃어버린 것에 대한 애착이나 안타까움이 조금 줄어든 것이다. 이 땅의 모든 것은 내 것이 아니라는 진리를 터득했으니 말이다.

그러고 보니 근래 그 문제의 선글라스, 열 달을 꼬박 곗돈을 내고 새로 장만한 선글라스가 눈에 안 띈다. 또 어디에 흘리고 온 것은 아닐까?

얌통머리 없는 놈

소리나 고우면 참아 줄 수 있다. 특유의 느끼함에다가 노래 못하는 사람이 성악 배운다고 목청 높이 발성 연습하듯 듣기 싫은 목소리다. 그것도 이른 아침마다 들려오니 잠이 덜 깬 상태에 듣고 있으려면 역겹고 화가 난다. 들은 척도 안 하니 창 앞에 바짝 다가와 더 소리를 지른다. 창문을 소리 나게 열었다 닫으면 싫어하는 줄 알고 가야 하는데 그럴 기미가 없다.

눈치코치도 없다. 내가 싫은 티를 확실하게 내도 막무가내로 달려든다. 해도 해도 너무한다. 관리소에 신고해도 어쩔 수 없다며 스스로 알아서 하란다. 경찰에 신고해야 하나 망설이는데 이놈, 눈치를 챘는지 조용하다. 술 마시고 소변을 보고 갔는지 냄새가 진동한다.

아래층 아줌마가 편지를 써서 현관문 손잡이에 걸어 놨다.

'참다 참다 편지를 씁니다. 아주머니가 어떻게 하셨기에 매일 비둘기가 와서 이렇게 소란스러운지요. 이웃에 피해가 심하니 제발 어떻게 해 보시지요.'

민망하고 창피해서 얼굴을 들 수가 없다. 한 번만 더 와 봐라, 따끔한 맛을 보여 줄 테다. 벼르고 벼르는데 한 이틀 조용하다. 갑자기 궁금증이 몰려온다. 살짝 창문을 열어보니 세상에나 그놈은 그놈이 아니고 그년이었다. 몰래 알을 낳아 품에 꼭 안고 꼼짝을 않는다.

창문 앞에 에어컨 실외기가 놓였다. 어떻게 그 밑으로 들어갔는지 모르지만, 녀석이 쭈그리고 앉아 있다. 머리가 모자라는가? 아니면 게으른가? 어떻게 생겼으면 자기 집도 야무지게 못 짓고 남의 집 창 앞에서 퍼질러 알을 낳았단 말인가. 한동안 요란하게 울던 이유가 나를 괴롭히려는 게 아니고 짝짓기를 위한 애달픈 소리였다는 것을 그때 알았다.

사박사박 내리던 비는 처덕처덕 장맛비로 이어진다. 냄새는 꾸역꾸역 들어오는데 자기도 엄마라고 알을 품고 조용히 있으니 어쩔 수 없다. 얄미운 마음이 동정으로 변했다.

며칠이나 지났을까. 비가 잠시 그친 어느 날, 창을 열고 내려다보니 품었던 알이 작은 새가 되어 물기 가득한 곳에 쪼그리고 앉아 있다. 세상에나 가엽기도 하지, 저걸 어쩐단 말인가. 어미가 먹이나 잡아다 먹이는지. 손이 안 닿는 곳이라 도울 길이 없다. 수건을 구석 쪽에 던졌다. 물기 없이 앉아 있으라고 했으나 또 쏟아지는 비에 수건이 젖는다. 먹이도 없어 그 어린 것을 죽음으로 내몰았다.

책임감도 없는 놈들 같으니라고. 종족 번성을 위해서라면서 왜 나뭇가지 사이에 집을 튼튼하게 못 짓고 위험한 곳에 알은 낳았단 말인가. 아파트 난간에 매달려 빗속에서 알을 품어 새끼를 낳았으면 먹이라도 부지런히 날라 먹이든지, 새끼를 물고 안전한 곳으로 가든지. 삐쭉 낳아놓고는 날아가서 코빼기도 보이지 않으니 어찌 살아날 수 있단 말인가. 불쌍한 마음에 콧등이 시큰하다. 119 구조대를 불러야 했을까? 손이 닿지 않으니 집어 올릴 수도 없고, 먹을 것도 줄 수 없다는 핑계로 수건만 툭 떨어트려 준 성의 없는 대처가 죄의식이 되어 마음이 아프다.

저놈들하고는 이제 상종을 말아야겠다고 죽은 새끼 새를 긴 막대로 밀어 떨어뜨리고 그동안 어미가 쌌던 똥과 오줌을 비가 올 때 청소했다.

내려가지 못하고 손도 닿지 않아 긴 막대로 대충 긁어 밀어내며 물을 위에서 아래로 부었다.

문제는 또 발생했다, 아래층 아주머니가 나 없는데 올라왔다고 한다. 자기네 실외기 위로 지저분한 게 떨어졌다며 사진까지 찍어와서 보여 주더란다. 손이 발이 되도록 인가, 발이 손이 되도록 인가 빌며 사죄했다고 남편이 남의 편이 되어 윽박지른다. 나보고 어쩌라는 것인지 모르겠다.

사과하려고 두 번이나 아래층으로 갔다. 선물까지 들고 갔다.

초인종을 눌렀지만 나오지 않아 만나지 못했다. 아마 우리 남편에게 심하게 한 게 좀 미안했나 보다.

비가 그쳤다. 남은 오물은 두고 망을 구하여 실외기 주위를 막기로 했다. 경비 아저씨께 사정하여 분리수거 망 중에 구멍이 나서 버리는 것을 얻어왔다. 망 끝에 돌을 달아 날리지 않게 하고 창문들에다 끈으로 묶었다. 어설프지만 실외기 밑까지 잘 싸맸다. 다시는 새들이 창가에 앉지 못할 것이다. 이렇게 쉬운 일을 왜 진작 생각 못 하고 몇 날, 몇 달을 끙끙 앓으며 소리 질렀는지. 작대기로 두드리고 물 뿌리는 소동까지 벌이며 남에게 피해를 준 일이 부끄럽다.

녀석들은 머리가 나쁜 게 확실하다. 망 주위를 두 놈이 날아다니더니 다음 날 또 와서 주위를 맴돈다. 비둘기 나는 높이가 딱 오 층 정도라고 하더니 이놈들 아직 미련을 못 버리는구나 싶다. 귀소본능도 있다더니 맞는 말이었나보다. 그래도 이젠 어림도 없다.

저녁 운동 나가는 길에 아래층 아주머니를 만났는데 고맙다고 인사를 꾸벅하더란다. 망을 치셨던데 위험하지는 않으셨냐고 상냥하게 말하더라면서 기분이 좋은 눈치다. 남편에게 왜 진작에 그렇게 못 했냐고 한소리 하고 싶었지만 입을 꼭 다물었다.

비둘기를 평화의 상징이라 한다. 외국 영화를 보면 공원에 가득한 게 비둘기다. 어떤 것을 보고 평화의 상징이라고 했는지 그것이 궁금하다.

기차역에 비둘기 먹이를 주지 말라고 포스터가 붙었다. 끈질긴 비둘기들이 역사 안에까지 들어와서 먹이를 찾고 있다. 저러다가 사고로 이어질까 걱정이 된다.

들고양이들도 번식을 못 하게 중절 수술이 필요하다. 늘어나는 수가 많아 문제가 심각하다. 그렇지만 마음씨 좋은 아주머니들은 오늘도 길가에 물과 밥을 놓아둔다.

들고양이, 비둘기, 들개. 모두 적절한 대책이 필요하다. 망을 친 후에는 비둘기가 보이지 않는다. 보이지 않으니 관심도 없다. 평화가 맑은 호수처럼 찰랑댄다.

할머니의 사랑

 팔십이 훌쩍 넘은 할머니가 서울 사는 세 아들에게 보낼 가래떡을 담고 있다. 음력으로 설 명절이다. 역귀성을 해야 하는데 이번에는 서울로 가지 않기로 했다. 한 달 전 손녀딸이 결혼하여 결혼식장에서 자식들을 다 만났기 때문이다. 그때 아들들에게 금일봉을 받았으니 떡이라도 보내고 싶어서 방앗간에 부탁했다.
 상자 세 개에 똑같이 가래떡과 참기름, 들기름, 도토리묵 가루, 녹두를 담고는 막내아들네 보따리에는 떡을 한 봉지 더 넣는다. 그 아래층에 딸이 살고 있으니 몫을 따로 해서 전달해 주라고 할 모양이다. 할머니는 마음이 흡족한지 택배 아저씨를 부르라고 같이 사는 조카딸에게 말한다.
 애들은 후지급으로 보내라지만 요금 딱지를 붙여서 보낼 거라고 중얼거리면서 이런 일들을 몇 년이나 더 할 수 있을까 생각하며 웅크렸던 허리를 펴며 일어선다.

동갑내기 둘째 며느리는 아프니까 차 밀리는 귀성길을 올 수가 없다. 내 한 몸 가는 게 여러 사람 편케 하는 거라며 상경하던 세월이 벌써 10년이다.

자식 앞세운 것도 셋이나 된다. 할머니보다 나이 많은 큰아들 내외와 큰 딸. 참으로 사연도 많고 탈도 많은 세월이 흘렀다. 할머니는 먼 산을 바라보며 상념에 잠긴다.

할머니가 나이를 실제보다 더 많다고 속이고 재혼한 것은, 당시 건강이 좋지 않았기 때문이었다.

아이를 낳지 못한다는 이유로 소박맞고 혼자 살 길이 막막하여 식당이나 공장에서 힘든 일을 하다 보니 약한 몸에 병까지 얻었다. 병원에 갔더니 허리디스크였다. 수술해야 한다는데 엎친 데 덮친 격으로 장도 나빴다. 무일푼이라 어찌할 바를 몰라 막막했다. 그런 차에 동네 중매쟁이 노파가 와서 넌지시 말하기를 이 근처에 부잣집이 있다며 재취 자리를 권했다. 남자는 나이가 좀 많고 시어머니를 모셔야 했다. 그건 상관하지 말고 가서 몸이나 고치라고 권유하는 바람에 솔깃하여 반승낙하였다.

다음날로 60이 넘은 노인네가 와서 선을 봤다. 마음에 든다는 뜻으로 고개를 끄떡이며 노모가 있어 서둘러야 하니 빨리 오라고 한다. 딸 같은 나이의 마누라를 얻은 노인네는 황송하여 입꼬리가 찢어진다. 덩실덩실 춤이라도 출 것 같았다. 표정 관리를 못해 큰아들 내외에게 눈총을 받았다.

　재혼한 지 얼마 되지 않아 허리를 수술했다. 병원에 누워있으니 친척들과 큰아들, 둘째 아들네까지 와서 계획적이라며 야단이다. 아버지 재산을 노리고 온 것이 틀림없으니, 내쫓으라고 입에 거품을 물었다. 할아버지는 노발대발했다. 집에 들어온 들짐승도 몸이 아프면 돌보아 주어야 하거늘 하물며 사람일진대, 더군다나 노모를 섬기느라 힘들어 병을 얻었는데 어찌 내칠 수가 있느냐며 고함을 질렀다. 모두 안 와도 좋으니 잔소리하지 말라고 하고는 혼자 수발을 다 들고, 고등학교 갈 막내아들에게 심부름시키며 병실을 지켰다.

　그 후에도 장이 나빠져 또 수술을 했다. 그때도 친척들은 내쫓으라고 야단이었지만 할아버지는 눈썹 하나 까딱 안 하고 지성으로 돌보았다.

　그렇게 건강을 되찾은 할머니는 할아버지의 사랑을 독차지하여 사춘기 막내아들과 대학 들어갈 딸에게 눈물 바람을 하게 만들었다.

　친엄마는 할머니 모시고 농사일하다가 골병들어 죽었는데, 새엄마는 들어와 몇 년도 안 돼 병을 고쳐 호강한다는 것이다. 전기난로, 냉장고, 텔레비전이 집으로 배달되었다. 가전제품 다 사서 호사를 누리니 일만 하다가 돌아가신 어머니가 생각난다며 오빠들만 보면 눈물 바람이었다.

　몇 년 후에 막둥이들도 서울에 있는 대학에 입학하여 오빠네 집으로 거처를 옮겼다. 노인네 둘만 남은 후 할머니는 당신 친정 조카들을 챙기기 시작했다. 하나 둘씩 데리고 와 집에서 일을 시키거나 버스안내원으로 취직시켰다. 며느리들이 조카딸이 아니고, 사실은 숨겨놓았던 딸 아니냐고 따지기도 했다.

그러거나 말거나 두 노인네는 십 년을 알콩달콩 살았다. 할아버지는 칠십이 되던 해에 한잔하고 자전거를 타고 집으로 오다 쓰러졌다.

처음엔 자식들이 쫓아와서 곱지 않은 눈초리를 할머니에게 보내더니 풍 맞은 아버지를 간호한다고 호들갑을 떨었다. 시간이 흐르고 병은 호전되지 않자 일주일에 한 번 오던 자식들 발길이 한 달에 한 번이 되고 서너 달에 한 번으로 뜸해졌다.

반대로 할머니의 지극한 병간호는 변함이 없었다. 방 양쪽 벽에 못을 박아 굵은 밧줄을 묶고는 할아버지가 그 줄을 잡고 걷게 하고, 건강 박수를 치도록 적극적으로 유도했다. 식사 때에 숟가락질이 서툴러 흘려도 스스로 해야 운동이 된다면서 오랜 시간 밥상 앞에서 기다렸다.

오랜만에 찾아온 자식들은 긴 병에도 정성으로 간호하는 할머니가 고맙기 시작했다. 변비로 힘들어하는 할아버지를 위해 더러운 뒤처리도 주저하지 않았다. 자식들은 할 수 없는 일이었다. 셋째 아들이 두 손 모아 할머니에게 감사의 큰절을 하였다.

며느리도 힘한 일까지 맡겨 죄송하다며 감사 인사를 한다. 이렇게 찾아와도 손님 같아 죄송하다고 하니까 할머니가 웃으며

경쾌한 초록별

말했다.

"빚을 갚는 거라네. 나 아팠을 적에 아버지도 지극정성이었지. 이제 그 고마움을 갚는 거야."

하며 할아버지의 머리를 깎고 면도를 해 준다.

할아버지 병이 오래 지속되자 몸도 마음도 차츰 쇠약해져 갔다. 자식들이 찾아와 큰며느리 둘째 며느리는 재산상속에 관한 이야기로 수군거리고 할아버지에게 이런저런 핑계로 재산 분할을 원했다.

할아버지는 당신이 세상을 뜨면 할머니가 힘들 거라며 '자네는 착해 빠져서 나 없으면 재산도 못 찾아 먹고 쫓겨날 것이야.' 하며 서둘러 이층집을 지었다. 옆방이랑 이층 월세를 받아 편히 살게 한 것이다. 자식들 몰래 돈도 많이 주었다.

십여 년 투병 생활을 하다 82세 되던 해에 할아버지가 세상을 떴다. 할머니는 62세에 혼자가 되었다. 자식들에게 지극정성으로 마음을 쓴 건 그때부터였다.

워낙 부지런한 할머니는 찹쌀고추장을 담아 두었다가 아들네들이 당신 생일에 오면 작은 항아리에 담아 주었다. 철마다 고들빼기김치며 파김치를 맛깔나게 담아 들기름이랑 참기름 한 병씩 넣어 부치거나 명절이 되면 가져다주기도 하였다.

큰아들이 세상을 떠난 후 큰 며느리와도 친해졌다. 두 과부가 서로 오가며 친구처럼 지내다 큰 며느리도 세상을 떴다. 둘째 며느리도 이어서 세상을 뜨자 할머니는 재산상속 때 홀대받은 딸들에게도 마음을 쓰고 사랑을 베풀었다. 몇 년 후 할머니가 위암으로 병원에 입원했을 때는 셋째 며느리가 옆에서 간호했다. 딸들도 진심으로 걱정해줬다.

지금은 건강을 회복하고 결혼한 친정 조카딸과 같이 산다. 텃밭에 배추를 심어 김장철이 되면 절이고 씻어 자식들에게 보낸다.

형제 우애를 강조하는 할머니는 자식이 용돈을 주면 어떤 형태든지 그 값어치로 꼭 되돌려 주며 이 세상에 공짜는 없다, 내가 받으면 되돌려 주어야 한다고 힘주어 말한다.

요즈음은 노인들을 위한 일자리를 다니며 아픈 사람에게 말벗이 되어 주기도 한다.

기독교에 귀의한 할머니는 새벽기도에 나가서 자식들을 위해 기도하며 이만하면 복 받은 노년이 아니냐고 감사의 두 손을 모은다.

상념에 잠겼던 쪼글쪼글한 얼굴에 아기 같은 미소가 번진다.

옹이 빼기

전화가 와서 받으니 헤라님이다. 잘 지내냐고 안부 전화라고 말하는데 눈물이 핑 돈다. 달력을 보니 14일, 사고가 난 지 만 9개월 되는 날이다.

분명히 동시신호를 보고 출발하였다. 춘천 소양사거리에서 소양 5교를 향해 가는 좌회전 길. 초행길이고 좀 서두르긴 했으나 신호를 확인하고 좌회전 길에 들어섰다. 갑자기 친구들이 어, 어! 하며 급한 소리를 내기에 오른쪽을 쳐다봤다. 그때 눈앞에 남자의 커다란 눈동자가 나타났다.

그 순간 차는 우지직 소리를 내며 빙그르르 돌아 멈췄다. 지금 생각해도 내가 브레이크를 밟아서 차가 섰는지조차 알 수가 없다. 조수석에 탄 친구는 팔을 움켜잡고 아프다며 울었다. 나는 차 문이 열리지 않아 발로 차고 기어 나왔다. 어디선가 사람들이 몰려와 옆의 친구를 부축하여 끄집어냈다. 뒷좌석에 탔던 친구들은 멀쩡하게 걸어 나왔다. 괜찮은 줄 알았다.

나는 제일 먼저 남편에게 전화를 걸었다. 신호를 보고 가는 중에 직진 차가 와서 받았다고 빨리 보험사에 연락해 달라고 했다. 그런 다음 춘천에 사는 친구에게 전화를 걸어 어느 병원으로 가야 좋냐고 물었다.

구급차가 와서 올라탔다. 또 아픈 사람 없냐고 하니까 뒷좌석에 탔던 친구가 탄다. 가야 할 병원을 알려주고는 누웠다. 그때부터 꼼짝 못 할 정도로 가슴과 다리가 아팠다. 차가 부딪치는 순간, 운전대에 가슴이 부딪친 것 같았다. 반으로 포개졌다가 펴지는 것 같은 심한 통증을 느꼈다. 그렇지만 나는 옆 조수석에 탔던 헤라님이 걱정되어 내 아픔은 생각해 볼 겨를이 없었다.

병원에 도착해서 헤라님 보고 남편에게 전화하라고 했더니 신중한 성격의 헤라님은 사진을 찍어 본 후에 하겠다고 한다. 세 사람 다 사진을 찍었다. 두 사람은 찰과상이고 헤라님은 팔이 부러졌다고 한다. 전화를 받은 헤라님 남편과 아들이 달려왔다. 뒷좌석에 탄 친구의 남편과 아들도 달려왔다. 그네들은 집 가까운 병원에 입원하겠다며 가족과 함께 떠났다. 나는 놀란 가슴에 혈압까지 높아 병원에서 허락하지 않았다.

북적거리는 병원으로 경찰이 찾아왔다. 사고의 경위를 이야기해 달란다. 나는 화를 냈다. 아픈 사람에게 무슨 설명을 요구하냐고 나는 잘못한 것 없으니 그곳 CC TV나 블랙박스를 찾아서 보라고 했다. 알았다면서 나가더니 다시 와서 보호자가 누구냐며 찾는다. 내 잘못이란 말에 놀란 아들과 남편이 경찰과 함께 나갔다가 한 시간 후에 돌아왔다.

"이 아주머니야, 잘못은 당신이 했다네요."

남편이 쓸개 씹은 얼굴로 말한다. 깜짝 놀라 "왜요?" 하고 소리치듯 물었다. 사고 난 부근에 있던 차 블랙박스를 보니 내가 직진 초록불에 뒤뚱거리며 좌회전하는 모습이 찍혀 있더란다. 귀신한테 홀리지 않고서야 어떻게 그런 일이 일어난단 말인가. 순간 앞이 캄캄하다. 누가 나에게 뒤집어씌우려고 블랙박스를 조작한 것이 아닌가 싶을 정도로 믿어지지 않았다.

동시신호였다가 바뀌는 순간에 내가 지나간 건 아니냐고 물었다. 그곳은 동시신호가 아니라고 한다. 가끔 착각하고 사고 내는 사람이 있다고, 경찰은 그 정도에 감사하라는 말을 덧붙였다. 차는 다 찌그러져 사람이 죽지 않은 게 다행이었다. 내 차와 부딪친 차는 택배 트럭이다.

가슴이 꽉 막힌다. 사고 났을 때보다 더 진한 아픔이 가슴을 파고든다. 내 잘못이라니, 내가 잘못하여 친구들이 다쳤다니 이 일을 어찌한단 말인가.

다음날 안양으로 돌아와 뒷좌석에 탔던 친구가 입원한 병원에 나도 입원했다. 팔 부러진 혜라님은 집 근처 서울 병원에 입원하여 수술을 받았다. 걸어 다닐 수 있는 나는 새벽마다 병원에 있는 기도실에 가서 기도했다. 그때마다 내 팔을 부러뜨리지, 왜 친구의 팔을 부러뜨렸냐고 울면서 항의했다. 차라리 내가 다치는 게 마음이 편할 텐데 눈앞이 캄캄하였다. 며칠을 울면서 기도하는데 마음속에 이런 음성이 들렸다.

'사랑하는 딸아. 너의 팔이 부러지면 운전석에 있던 친구는 목숨을 잃어야 한단다.'

그 순간 나의 기도는 원망에서 감사의 기도로 바뀌었다.

설상가상으로 가볍게 보고 별로 걱정을 안 했던 뒷좌석 친구에게 문제가 생겼다. 3주 입원 후 퇴원했는데 집에 간 며칠 후에 밥숟가락 들 힘도 없고 어지러워 병원에 다시 왔다. 사진을 찍어 보니 머릿속에 출혈이 있다고 한다. 다시 입원하고 주삿바늘로 피를 빼내는 시술을 하였다. 다행히 2주 입원하고 퇴원하여 약을 먹고 있다.

졸지에 죄인이 되었다. 나는 전화로 안부를 묻고, 찾아가서 위로하였다. 점심을 같이 먹는 게 일과가 되었다. 더운 날 깁스하고 병원에 누워있는 친구가 걱정되어 하루는 이 친구에게 찾아가서 말벗이 되어 주고, 다른 날은 퇴원한 친구와 같이 영화를 보거나 밥을 먹었다.

두 친구 모두 걱정하지 말라고 좋은 일 하다가 그랬지 일부러 그랬냐고 오히려 나를 위로하고 내 건강을 걱정해 준다. 죽지 않고 살았으니 감사하다고 마음고생 접으라고 진심으로 말한다. 위기가 닥쳤을 때 사람됨을 알아본다더니 이번 큰일을 통해 진정한 친구들을 또 얻었다.

그렇지만 내 마음은 늘 편치 않았다. 저들이 혹시 잘못되지 않을까 싶어 자다가도 벌떡 일어나 두 손 모으고 기도하며 밤을 새우기도 몇 번이었다.

다섯 명이 한 차에 탔는데 세 명이 다쳤다. 다치지 않은 친구들은 우리가 걱정되어 문병을 오고 다른 친구들에게서 벌금을 모금해 오기도 했다. 내가 좋은 친구들을 만나고 있었음을 새삼 느끼며 감사한다.

사진을 좋아하는 우리는 동아리에서 만나 같이 출사 다녔다. 벌써 오 년이 넘었다. 우리는 만나도 인사만 나누고는 사진 찍는 일에 몰두한다. 누구를 험담하거나 세상 이야기나, 자기 자랑은 하지 않는다. 예명으로 부르는 친구들이지만 애경사가 있을 때는 서로 찾아가 위로하고 축하한다. 이번 사고만 없었다면 전국을 일주하며 사진을 찍자는 계획을 세우려고 했다.

뒷좌석의 친구는 피를 말리는 약을 지어 먹으며 조금씩 건강해지고 있다. 헤라님은 뼈가 잘 안 붙어서 몇 달 만에 퇴원했다. 일 년 지난 뒤에 의사가 다시 보자고 했단다.

퇴원 후 집에서 요양하던 헤라님이 갑자기 전화한 것이다

"숙영님, 숙영님 내 말이 안 들리세요?"

헤라님이 수화기 너머에서 소리를 지른다.

"창덕궁에 홍매화가 피었어요. 서울 근교에는 저도 갈 수가 있으니 카메라 들고 오세요. 진달래도 피었어요"

갑자기 가슴이 뻥 뚫린다. 가슴속 깊이 박혔던 옹이가 쏙 빠

진 기분이다. 이제 마음속 자유를 누려도 되나 보다. 아직도 팔이 불편한데 나를 위로해 주기 위해 창덕궁 출사를 생각했나 보다. 전날 남편과 답사도 다녀왔다고 한다. 아직 덜 피었지만 참 예쁘다고 전화 속에서 즐겁게 말한다.

　나는 얼른 옷소매로 눈물을 훔치고는 맞소리 지르며 대답했다.

　"알았어요. 가고말고요."

　전화를 끊자마자 사진 동아리 친구들 단체 카톡에 문자를 보낸다.

　"봄이 왔어요. 봄이 왔다고요. 창덕궁에 홍매화 찍으러 갑시다요."

　옹이 빠진 내 가슴에 홍매화의 향기가 가득 차기 시작했다.

등선폭포

　며칠이나 계속되었을까. 가뭄 속 불볕더위에 마스크를 벗었다. 집에 있는데도 숨이 막힐 듯 답답하다. 밤이 되어도 후끈거리는 실내 온도가 떨어질 줄 모른다. 저녁을 먹는 둥 마는 둥 몇 술 뜨고는 아파트 앞 공원으로 올라간다. 공원 역시 낮에 달군 열기가 식지 않아 후끈후끈하다.

　공원에는 아름다운 인공폭포가 있어 오르는 사람들에게 시원함으로 위안을 준다. 그렇지만 이렇게 뜨거운 열기에는 어림없다. 공원 주위가 시원해야 떨어지는 폭포 줄기도 시원할 텐데 떨어지는 물줄기조차 더위에 지친 듯 소리가 시원치 않다.

　게다가 폭포 앞 의자는 변이코로나 극성 때문에 사람들이 앉지 못하게 엑스자로 끈을 묶어 놓았다.

　가슴 속 울화가 부글부글 치밀어 오른다. 이 답답한 시국에 동치미 국물처럼 시원한 계곡은 없을까 생각하니 문득 달려가고 싶은 곳이 생각났다. 등선폭포다. 등선폭포는 내 고향 춘천에서 버스로 30분 거리에 있다. 내가 등선폭포를 처음 올라 가 본 것은 중학교 1학년 때 엄마 손을 잡고서이다. 무슨 일인 줄은 모르겠으나 엄마가 놀러 가자면서 먹을 것을 싸 들고 간 적이 있다.

입구부터 나는 무서웠다. 좁은 계단이 끝없이 이어졌다. 폭포 소리가 요란하여 엄마 말소리가 들리지 않았다. 옆을 보니 낭떠러지가 아찔하다. 떨어지면 바로 죽을 것 같아 옆에 매달아 놓은 줄을 꼭 잡고 올라갔다.

한참을 올라가 여기가 좋겠다며 엄마가 자리를 잡고 앉았다. 조금 있으니 춥다. 엄마 치마를 끌어다 내 무릎을 덮었다.

나무가 많아 하늘도 안 보이고 간식을 먹어도 추워서 얼른 내려가자고 졸랐지만 엄마는 대답 없이 떨어지는 폭포만 물끄러미 내려다봤다.

일 년 뒤, 엄마가 돌아가시고 내 소녀 시절은 계속 춥고 어두웠다. 어느 날 문득 엄마 손 잡고 오르던 등선폭포가 생각났다.

엄마 죽음을 그때까지도 실감하지 못했던 나는 혹시 등선폭포에 엄마가 숨어 살고 있지 않을까 하는 엉뚱한 생각이 들었다.

춘천에서 가평 쪽으로 가면 삼악산이 있다. 그곳 입구가 등선폭포 입구라고 알고 있던 나는 무조건 걸어서 가보기로 했다.

그때도 더운 여름이었는데 중학교 2학년이던 나에게는 멀고도 힘든 길이었다. 간간이 다니는 차를 피해 신작로를 따라 걸어가는데, 가도 가도 목적지는 보이지 않고 배가 몹시 고팠다. 길가 그늘에 앉아 과일 파는 할머니에게 참외 하나를 사서 길에 앉아 먹었다. 얼마나 달고 시원하던지 지금도 그 생각을 하면 입안에 군침이 생긴다.

드디어 등선폭포 입구가 보인다. 반가운 마음에 뛰듯이 올랐다. 길은 여전히 험했고 폭포 소리도 요란했지만, 저 위 어딘가에서 혹시나 엄마가 나를 기다릴지도 모른다는 기대감으로 열심히 올라갔다.

매미 소리가 숲을 뒤덮었다. 우거진 숲은 이름 모를 풀들이 슬픈 듯 널브러져 있었다. 나는 벅찬 감정이 솟구쳐서 엄마! 엄마! 하고 소리쳐 불렀다. 애타게 불러도 대답이 없었다. 엄마가 그리워서 한참을 엉엉 울었다. 폭포도 내 슬픔을 알았는지 더욱 세차게 쏟아져 내렸고, 매미도 나를 위로해 주듯 요란하게 울어 젖혔다.

그 후 등선폭포 쪽에는 얼굴도 돌리지 않았다. 서울에 살면서 가끔 춘천을 가도 애써 그쪽은 쳐다보지 않았다.

세월이 흘러 결혼을 한 나는 남편과 함께 그곳에 다시 가보고 싶은 마음이 들었다. 남편에게 자초지종을 이야기한 후, 가보고 싶은 마음을 비쳤더니 언제고 기꺼이 동행하겠노라고 한다.

어느 해 여름휴가 때 우리는 등산복을 입고 가서 등선폭포 위에 있는 삼악산까지 가기로 했다. 주차장에 차를 세우고 삼악산과 등선폭포 입구가 있는 곳에서 입장료를 내려고 서 있는데 내가 상상하고 있던 등선폭포 입구가 아니었다. 그때는 요금소도 없고 입구가 작고 초라했는데 지금은 넓고 시원해 보였다. 내가 잘못 찾아왔나 하고 주위를 다시 둘러볼 정도였다.

폭포를 향해 올라가는데 어렸을 때 느꼈던 무섭고 어두운 분위기와는 달리 지금은 연인들이 가볍게 오를 수 있는 시원한 폭포다.

등선폭포와 이어져 있는 삼악산은 용화봉과 청운봉, 등선봉 3개의 산봉우리로 이루어져 붙여진 이름이라고 한다. 설악산 대청봉이 1200m가 넘는 높이라면 이곳은 세 봉우리가 다 600m 정도이다. 산의 규모가 크거나 웅장하지 않지만 경관이 수려하고 기암괴석과 명품이라고 불리는 나무도 있다.

어릴 적 올라왔을 때는 제일 작고 가까운 폭포 근처에서만 있었다. 그곳도 폭포가 크고 소리가 웅장해서 무섭기까지 했는데 어른이 된 후에 와 보니 폭이 좁고 높이도 낮았다. 폭포를 지나 산봉우리에 올랐다. 삼악산이 아래로 보인다. 돌아오는 길에 남편은 이제 소원을 풀었냐고 웃으며 묻는다.

곰곰이 생각해 봤다. 폭포가 크게 보이거나 산속이 무섭게 보였다는 것은 어렸을 때 갔기 때문일 것이다. 하지만 아직도 엄마가 저곳에 계실지도 모른다는 생각은 왜 드는지 궁금하다.

엄마는 무슨 일이 있었기에 어린 나를 데리고 단둘이만 저곳을 올랐을까? 폭포 소리에 묻혀 내려보낼 슬픈 울음이 있었던 것은 아닐까?

몇십 년이 흘러 내가 엄마보다 많은 나이가 되어 등선폭포를 찾았지만, 아직도 추측만 할 뿐, 그때 엄마의 심정을 헤아려 알 수가 없다. 폭포 소리만 여전히 아픈 마음처럼 울음소리를 내며 떨어지고 있었다.

"집에 갑시다!"

같이 간 남편의 목소리에 정신을 차리니 여전히 덥고 후텁지근한 바람이 인공폭포 소리와 어우러져 한여름 밤을 장식하고 있다.

앵두

햇살 따가운 유월 말, 어느 한옥 뒤뜰에 앵두가 빨갛게 익어 가고 있다. 푸른 잎 속에 숨어 반짝이며 올망졸망 달린 앵두가 보는 사람들의 입속에 군침을 돌게 하기에 충분하다. 매끄러운 촉감에 새콤달콤한 그 맛이 잊을 수 없는 첫 키스의 맛과도 같으리라.

순이 할머니는 오늘도 뒤뜰을 산책하며 앵두나무 심기를 잘했다고 스스로 대견해한다. 해마다 주렁주렁 앵두가 익을 때면 주말에 손자들이 기다렸다는 듯 달려오기 때문이다. 따는 재미, 먹는 재미에 좋아할 아이들이 벌써 눈앞에 어른거린다.

"노인들이 앵두를 먹으면 회춘하고 기침도 멎는대요. 장 기능에도 도움이 되어 변비에도 좋고, 입맛을 돋우고, 폐에도 좋고, 붓기도 낫고, 혈액순환도 잘 돼서 임산부들에게도 좋답니다. 따서 냉장고에 보관하시고 매일매일 꾸준히 드세요".

옆집 아주머니가 은근히 권해보지만 들은 척도 않는다.

당시 나는 임신 3개월로 입덧이 심해 고생하고 있을 때였다. 입맛을 돋운다는 말에 눈과 귀가 번쩍 띄었다. 입안에 군침이 돌아 꿀꺽 삼킨다.

얼른 할머니의 표정을 훔쳐보았다. 내가 임산부란 것을 뻔히 알고 있는 순이 할머니는 꿈적도 하지 않는다. 오늘도 내가 앵두나무를 뽑아가기라도 할 듯 탑 돌기 하며 지켰다. 얄밉기도 하고 서운한 마음으로 돌아섰다.

그날 저녁 늦게 새댁! 새댁! 하며 순이 할머니가 급한 소리로 불렀다. 순이 할머니가 그토록 아끼던 앵두를 한 바가지 가득 담아 들고 왔다. 화들짝 놀라며 반가워하는 내 표정을 보더니 방으로 성큼 들어선다.

할머니는 큰일이나 벌인 사람처럼 흥분해서 말했다. 저녁 세수를 끝내고 주말이 오기를 손꼽아 기다렸다. 앵두 따는 손자들 모습을 떠올리다 깜짝 놀랐다. 낮에 뒤뜰을 배회하며 앵두나무를 바라보던 문간방 새댁이 떠올랐기 때문이다. 가슴이 쿵 내려앉는 통증과 함께 옆집 아줌마가 임산부에게 입맛 돋우는데 앵두가 좋다는 말이 생각났다.

듣고도 일부러 모르는 척한 꼴이었다. 내가 노망이 났나? 큰 실수를 저질렀다는 생각에 부랴부랴 앵두를 땄다. 손자들과 대학 다니는 막내딸이 내려와야만 따는 걸로만 생각한 앵두다. 그래서 낮에도 옆집 아줌마의 말을 귀담아듣지 않았다.

아이들이야 조금 덜 먹으면 되고 또 매년 따먹을 수 있다. 그러나 임신은 한 가정의 경사요 매년 하는 것도 아니었다. 우리 집에 와서 임신했다고 좋아해 놓고 이게 무슨 실수냐며 자책을 했다고 쉬지 않고 이야기한다.

나는 씻지도 않은 앵두를 한 줌 집어 입으로 가져갔다. 낮에 섭섭했던 감정이 봄눈 녹듯 사라졌다. 나는 고맙다는 인사를 몇 번이나 했다. 할머니는 살짝 부른 내 배를 신기한 듯 쳐다봤다.

"내가 참 잘했지. 우리 아가 짝눈 만들 뻔했네."

우리는 마주 보며 한바탕 웃었다.

그렇게 어렵게 얻어먹은 앵두의 효과는 괜찮았다. 그 후 입덧이 많이 완화되었다. 그때 일을 떠올리며 며느리를 생각한다.

요즘 예쁜 우리 며느리가 입덧으로 고생이다. 과연 앵두가 며느리에게도 효과가 있을까 생각하며 시장을 뒤져 봐야겠다고 서두른다.

지금이야 시장에 나가면 무엇을 못 구하랴만 그때는 모든 것이 귀하던 시절이다. 친정어머니처럼 반찬을 만들어 주고 태교가 뭔지를 알려주던 할머니가 생각난다.

친정어머니는 중학교 때 돌아가셨다. 감수성이 민감하던 때 어머니를 잃고 마음 둘 곳이 없어 많이 방황했다. 결혼하고 살림을 꾸릴 때다. 의지하고 자문받을 곳이 필요할 때 순이 할머니가 나타났다. 늘 친정어머니처럼 자상하게 챙겨 준 것이다.

순이 할머니는 시골에서 쌀 계를 해서 돈을 모았다. 한번은 내게도 해 볼 생각이 없느냐고 물었다. 마지막 번호가 남았는데 이익은 제일 많단다. 세상 물정에 어두운 나는 순이 할머니만 믿고 끝 번호를 받아 열심히 부었다.

쌀 계는 해마다 한 번 쌀농사를 거둔 뒤에 열 가마 값을 그해 쌀값으로 환산하여 돈으로 낸다. 우리는 보너스를 쓰지 않고 모았다가 년 말이 되면 계 돈으로 내놓았다.

부안에서 안양으로 이사를 온 후에도 꼬박꼬박 쌀값을 계산해서 보냈다. 드디어 내가 타는 해가 되는 날 큰 희망을 안고 내려갔다. 순이 할머니가 중간에 한사람이 부도를 내고 야간도주를 했다며 그 사람 몫을 빼고 돈을 줬다. 하늘이 무너지는 충격에 눈물이 났다. 도저히 일어설 수가 없었다.

그 후 순이 할머니가 수소문해서 그 사람의 주소와 전화번호를 알려주었다. 나는 둘째를 둘러업고 큰애는 걸려서 그 사람을 찾았다. 어렵게 찾아가서 쓴 소리는 못하고 엉엉 울기만 했다. 아이 둘을 데리고 와서 우는 내 모습이 불쌍했던지 자기들도 망해서 이사 왔지만 새댁은 특별히 주겠다며 본전을 손에 들려주었다. 그후 계를 권하고 책임을 다하지 않은 순이 할머니에 대한 섭섭한 생각에 연락을 안 하고 지내서 자연적으로 멀어졌다.

몇십 년이 흐른 뒤에 세월이 약이라고 마음속에 상처도 아물었다. 갑자기 그리운 생각과 고맙게 해준 기억이 떠올라 여행길에 남편과 같이 그 집을 찾았다.

　순이 할머니는 얼마나 노쇠했을까? 혹시 이 세상 사람이 아닐지도 모른다고 생각하며 찾았는데 아쉽게도 오래전에 이사하여 어디로 갔는지 소식을 알 수가 없다고 한다. 당시 부안에서는 큰집으로 냉장고도 있고 밥하는 아이까지 부릴 정도였다. 잘 살았는데 왜 이사를 했을까? 계속 계를 하다 잘못되기라도 한 것일까? 고향이 강원도라고 늘 그리워하더니 강원도로 이사한 건 아닐지 생각이 많아지며 집으로 돌아왔다.

　지금 생각해 보면 계주였던 할머니도 어쩔 수 없었을 것이다. 도망간 사람을 수소문해서 주소를 알려준 것만도 감사한 일이었다. 찾아가 본전을 받을 수 있었던 것도 행운인지도 모른다. 인정이 참 많았던 할머니였는데 어디에 가 있던지 노년이 편안했으면 좋겠다.

　집주인의 허락을 받고 뒤뜰로 가 보았다. 오랜 세월 그리움의 대상이었던 앵두나무는 변함없이 우뚝 서 있다. 겨울 지나 봄이 오면 다시 꽃 피고 열매를 맺어 어느 새색시의 입덧을 나처럼 말끔히 멋게 해줄 것이라는 상상을 해본다.

예쁜 거짓말

 친구들 모임에서 점심을 먹은 후 우아하게 커피를 마시며 대화를 시작한다. 앞에 앉은 친구에게 그동안 너 참 예뻐졌다고 먼저 말했다.
 "네 거짓말에 기분이 좋아졌네!"
 친구가 활짝 웃으며 말한다. 우리는 거짓말은 다 나쁜가에 대한 주제로 토론이 시작되었다. 처음에는 가볍게 시작했다가 나중에는 논쟁이 되어 제법 큰 소리도 나와 흥미진진해 졌다.
 "바늘 도둑과 소도둑은 결국 같은 거 아니냐. 바늘을 훔쳐도 도둑이요, 소를 훔쳐도 도둑이다. 그러니 선의의 거짓말이든 악의의 거짓말이든 다 거짓말이다."
 도덕 교과서 같은 친구가 제법 힘주어 열변을 토한다.
 "양치기 소년이 거짓말을 한 결과 어떻게 되었니? 파스칼이 생각하기 귀찮아서 선생님의 질문에 무심코 엄마가 죽었다고 거짓말을 하고 그것으로 인해 얼마나 큰 마음의 고통을 안고 살아간 줄 알아?"

제법 설득력 있게 예를 든다.

듣고 있던 친구가 반박한다.

"너는 거짓말을 한 적이 정말 없니? 선의의 거짓말도 한 적이 없어? 만우절에 친구들 즐겁게 하려고 거짓말한 적이 없느냐고. 아이들에게 걱정 안 끼치려고 아파도 괜찮다고 거짓말한 적이 없냐고. 친구 집에 점심 초대받고 가서 반찬이 좀 짜거나 싱거워도 맛있다고 거짓말한 적 없냐고. 친구가 아기를 안고 있는데 조금은 못생겼어도 참 예쁘다 하고 거짓말을 한 적이 없어?"

거짓말은 절대 안 된다는 친구가 멋쩍게 웃는다. 그것은 거짓말이 아니고 말치레라 한다. 그러면 이어서 체면치레의 말에 대한 심판이 시작된다. 남편이 나에게 말하는 칭찬은 어디에 속하는 걸까? 아들에게 안부를 물었을 때 분명히 힘든 시기임에도 '아무 일 없어요, 괜찮아요.' 하면 그건 거짓말이 아닌지.

그렇게 나오면 친구들은 한두 가지 생각이 난다며 키득키득 웃는다.

"맞아, 그러고 보면 나도 거짓말을 했네. 옷이 좀 비싼데 남편에게 미안해서 싼 옷이라고 했어."

"밥이 좀 모자라서 나는 배가 부르다고 아이들에게만 주던 시절도 있었어."

그렇게 물꼬가 터지면 너도나도 재미있다는 듯이 자기들이 했던 귀여운 거짓말들을 곶감 매달듯 주렁주렁 엮어 자랑질을 시작한다.

중학교 때 친구가 물건을 잃어버려서 단체 기합받은 적이 있었다. 아무도 자기가 한 짓이라고 말하지를 않았다. 무서운 분위기를 견디다 못해 자기가 가져갔다고 거짓으로 자백한 적이 있다고 한 친구가 말했다.

"나는 친구의 만년필이 탐나서 내 필통에 넣었는데 다른 친구가 보고 이거 네 것 아니잖아? 영희거 같은데? 해서 응 영희가 줬어. 하고 얼버무렸어. 그 친구가 영희 보고 정말 이 만년필 준 거냐고 물었어. 영희가 슬쩍 내 눈치를 보더니 그래, 선물로 줬다고 말하더라. 그 거짓말에 난 눈물을 흘렸지."

그러자 이구동성으로 그 영희라는 아이가 그때 장발장 소설을 읽은 후일 것이라고 말했다. 신부님의 선한 거짓말이 한 사람의 인생을 바뀌게 하였다면서 감동적이라고 한다.

갑자기 분위기가 숙연해지고 선한 거짓말보다 한 수위인 위대한 거짓말을 찾기 시작했다.

나폴레옹 이야기다. 내 사전에 불가능은 없다는 말과 함께 산 너머에는 사과가 있다고 거짓말을 하여 목마른 병사들의 입에 침이 고이게 한 사건을 말했다.

아이들을 사랑으로 대하던 어느 선생님 이야기도 한다. 가난한 어린 제자에게서 알이 빠진 팔찌와 삼 분의 일이 남은 가짜 향수를 선물로 받았다. 선생님은 세상에서 제일 좋은 선물을 받았다고 말했다. 선생님은 그 후 소년에게 평생 은인으로 기억되었다는 이야기다.

가장 위대한 거짓말로 꼽고 싶은 게 있는데, 그건 화가의 마지막 잎새에 관한 거짓말이다. 병실에 누운 소녀가 창문 밖 나뭇잎이 떨어지는 걸 슬프게 바라보며 저 나뭇잎이 다 떨어지면 자기도 죽을거라고 했다. 어린 소녀의 친구였던 화가는 나뭇잎 그림을 그려 나무 위에 매달았다. 소녀에게 희망을 주고 삶에 도전을 주고 싶은 마음이었다. 하지만 화가 자신은 낙엽을 매달다가 떨어져서 죽은 안타까운 이야기다.

심리학자가 말하길, 거짓말은 살아가는 윤활제 역할을 하며, 누구나 하루 평균 스무 번의 거짓말을 하고 10분의 대화에서 대략 두 번의 거짓말을 한다고 한다. 인간은 타고난 거짓말쟁이인 셈이다.

진실을 원하지만, 가끔은 허풍이나 거짓 변명은 애교로 슬쩍 눈감아 주는 배려도 필요하다. 거짓말을 하면 목소리의 높낮이가 틀리고, 말투의 변화가 많고, 잦은 말실수를 한다. 그래서 눈치가 빠른 사람은 상대가 거짓말을 하는지 알아차릴 수가 있다.

선의의 거짓말이라면 살짝 모른 척 넘어가 주는 센스도 때로는 필요하다. 평생 나만 사랑한다는 말에 속아서 나는 오늘도 힘차게 살고 있으니 말이다.

성공한 사람일수록 하얀 거짓말의 대가라고 하지 않는가. 남이 싫어하는 말보다 좋아하는 말을 많이 쓰자. 예쁜 거짓말이 사회적인 성공과 관련이 높은 것은 사람의 뇌가 듣고 싶은 말만 들으려 하기 때문이라 한다. 선의의 거짓말은 위약 효과도 있다고 한다.

나쁜 거짓말은 배제해야 한다. 상대를 함정에 빠트리는 거짓말, 상대에게 피해를 줄 수 있는 거짓말, 상대를 속여 이득을 취하려는 거짓말, 상대를 화나게 만들려는 의도의 거짓말은 하지 말아야 한다.

내일이 만우절이다. 이번엔 누구에게 재미있는 거짓말을 할까.

5부 면허증 반납

한 평 타워
라즈베리 편 목련나무 아래
박진주 여사를 만나다
내가 본 꼴불견
타임머신을 타고
면허증 반납
실버 대학
닉네임
순서
소원

우주에서 지구를 보면 햇빛에 반사되어
초록색이 된다고 한다.
생각하니 좋았다. 초록별이 마음에 쏙 들었다.
— 「닉네임」 중에서

한 평 타워

문화관광부가 주최하고 한국도서관협회가 주관하는 「길 위의 인문학」이 박달도서관에서 열렸다. 배준석 시인의 강의와 현장 답사가 있었다. 나는 2차 답사 때 참석하여 안양예술공원에서 「한 평 타워」를 시작으로 「전망대」까지 자세한 설명을 들으며 슬그머니 곁으로 다가온 가을을 즐겼다.

안양에 살기 시작한 것이 벌써 40년이 되어 간다. 하지만 안양에 대해 모르는 게 많다. 이번 기회에 안양예술공원이라도 자세히 알고 싶어 정신을 집중하여 들었다.

안양의 진산인 삼성산 계곡 사이로 맑은 물이 흐르고 숲은 울창하다. 주변 사찰과 문화재와 조화를 이룬다. 쉼터마다 유명한 외국 작가들의 작품을 설치하여 하나하나 살펴보는 재미가 있다.

그중에서 나는 포르투갈 작가의 「한 평 타워」에 관심을 가지고 눈과 귀를 크게 열었다. 작가는 무슨 의도를 가지고 이곳에 1평 타워를 세웠을까? 혹시 한국 사람들이 집 평수에 관심이 많은 것을 보고 짓궂게 꼬집은 것은 아닐까? 문득 지나간 시절, 집 평수를 늘리려다 실패했던 가슴 아픈 일이 생각났다.

그때 우리는 28평에 살고 있었다. 고층이라 방이 두 개였다. 한 방은 아들 둘이 쓰고, 우리 내외가 다른 방을 썼다. 어쩌다 부모님이나 친척이 오면 방이 없어 거실에서 자야 하는 일이 송구스러웠다. 그러던 차에 남편 다니는 회사에서 조합주택을 모집한다는 소식을 들었다. 서울이고 32평이었다. 구미가 당기는 조건이었다. 나는 남편 의견에 동의했다. 설레는 마음으로 살던 집을 팔았다. 무주택자라야 가능하다고 했기 때문이다.

2년만 전세로 있다가 마지막 입주금 낼 때 전세금을 빼서 충당하고 들어가기로 했다. 우리는 작은 전셋집을 얻고 남은 돈은 모두 조합주택에 쏟아부었다. 그것이 사기 조합일 줄은 꿈에도 알지 못했다. 서울 절대 녹지를 풀어준다는 조건으로 계약했는데 그건 막연한 희망이었다.

조합장은 그 과정에서 돈을 횡령하여 감옥에 갔다. 땅 주인들은 계약금만 받았으니 무효라 하고, 조합원들은 3차까지 냈으니 억울하다고 하소연했다. 계약이 취소되자 모두 닭 쫓던 개처럼 먼 하늘만 쳐다보게 되었다. 자살했다는 사람이 있는가 하면 조합장 집에 가서 며칠을 자면서 돈을 받아 온 사람이 있다는 소문이 돌았다. 나와 남편은 마냥 아픈 가슴만 쓰다듬고 세월을 보냈다. 28평에서 32평으로 4평 크게 살아보려다 낭패를 본 것이다. 다시 일어서는데 십여 년의 세월이 필요했다.

몇십 년이 흐른 지금 다 잊은 줄 알았는데「한 평 타워」를 보는 순간 아픈 기억이 어제 일처럼 선명하다.

정신을 가다듬고 타워 안에 있는 계단을 올라가 본다. 제법 높아 주위의 경관을 모두 내려다 볼 수 있다. 생각하니 한 평 타워라고 꿈이 없을까 싶다.

마음을 땅에다만 두지 말고 높이 하늘을 향해 펼친다면 우리 영혼은 훨씬 자유롭고 풍요로워지리라. 집 평수만 늘리려고 더 중요한 것을 잊고 사는 사람들에게 일침을 가한 것 같아 가슴이 뜨끔하다.

마음을 다시 비우고 나니 발걸음은 가볍고 상쾌하다. 맑고 맑아서 푸른 물이 뚝뚝 떨어지는 가을 하늘, 시인의 해박한 해설이 머릿속에 쏙쏙 들어왔다.

라즈베리 편 목련나무 아래

남편과 함께 천리포수목원에 가서 하룻밤 묵었다. 이른 봄 목련꽃이 보고 싶어 축제일은 아니지만, 미리 날을 잡았다.

수목원 안에 방을 예약해 그곳에 짐을 풀고 천천히 목련 공원을 즐길 수 있었다. 초가집 모양의 기념관으로 가니 창시자 밀러의 화목한 가족사진과 함께 한국 문화를 아끼던 삶의 이야기가 전시되어있다.

미국 펜실베니아주에서 출생한 그는 25살에 인천 월미도 상륙작전에 참가하였다. 제대 후 귀국했다가 미군정청 정책고문으로 재입국했다. 한국은행에 취직하여 근무했고 정년퇴직 후에는 증권사에서 근무하며 이곳에서 살 계획을 세웠다고 한다.

그는 소문난 효자였다. 어머니에게 몇 년에 한 번 찾아가서 사랑하는 마음을 전했다. 가지 못할 때는 장문의 편지로 안부를 전하며 한국 날씨와 풍습 등을 자세히 적었다. 한국과 한국인을 사랑하게 된 이유와 자기 미래의 꿈을 이야기하며 어머니와 같이 살고픈 희망도 전했다.

1960년 어머니가 한국을 방문했다. 6년간 한국에 같이 있으면서 아들의 꿈을 이해했으며 한국에 대한 아들의 사랑도 이해했다고 한다.

그는 줄담배로 하루 4갑을 피우는 골초였지만 어머니가 담배 냄새를 싫어하자 단 하루 만에 초인적인 금연을 시도하여 성공했다. 어머니를 사랑하는 마음만큼 한국을 향한 사랑도 컸다. 결국 어머니를 설득하여 승낙과 응원을 얻고 2년 후 태안에 땅을 사게 된다.

몇 년간 어머니와 함께 여러 곳을 여행하며 한국을 사랑하게 만들고, 어머니가 본국으로 간 후에는 본격적으로 나무를 심기 시작했다.

그 후 40년 동안 충남 태안의 헐벗은 산림을 15,000종류의 식물이 사는 세계적인 수목원으로 바꾸어 놓았다.

그는 버크넬Bucknell대학교에서 화학을 전공하였다. 식물 전문가가 아니면서 국제적인 수목원을 만들 수 있었던 것은 결혼도 하지 않고 한국을 사랑하는 마음으로 오로지 식물에 열정과 노력, 헌신을 다했기 때문이다.

살아있는 생명은 다 어우러져 살아가도록 배려도 잊지 않았다. 그는 숲길을 걷다가 나무 사이의 거미줄을 봐도 돌아서 다

널 정도로 자연을 사랑했다.

　국내외에서 자생하는 수많은 식물을 수집했다. 평생을 땀과 열정으로 수목원을 만들고 57년을 천리포수목원을 위해 모든 것을 바쳤다. 식물에 대한 사랑과 숭고한 자연사랑 정신은 한국인에게도 깊이 남아 본받게 된다.

　1979년 '민병갈'이라는 한국 이름으로 귀화한 그는 10년 동안 해외 교류 학습을 통해 영국 왕립 원예협회 공로 메달을 수여 받았다.

　남해안 여행에서 감탕나무와 호랑가시나무의 자연 교잡交雜으로 생긴 신종 식물을 발견하였는데 한국의 완도에서만 자라는 희귀종으로 검증되었다. 민병갈은 발견자와 서식지 이름을 넣은 학명을 국제학회에 등록했다. 한국 이름을 '완도호랑가시'로 정했다. 천리포수목원에서 배양된 완도호랑가시는 종자 목록발행을 통한 다국간 종자 교류 프로그램을 통해 세계로 퍼져 나갔다.

　변산반도 도청리의 호랑가시나무 군락지는 천연기념물 122호로 지정되었다. 호랑가시나무는 홀리나무라고도 불리며 크리스마스를 상징한다. 일 년 내내 푸른 잎에서 광택이 난다.

　4~5월이 되면 아카시아 향이 나는 앙증맞은 꽃이 피어 겨울이 되면 붉은 열매가 익는다. 이 열매로 크리스마스트리를 장식하기도 한다. 하얀 눈이 소복하게 내리면 푸른 잎과 빨간 열매는 더 선명하게 보인다. 성스러운 호랑가시나무는 '가정의 행복

과 평화'라는 따뜻한 꽃말을 가지고 있다.

"내가 죽은 후 다시 태어나면 수목원의 청개구리가 될 거야."

라고 평소 말했던 미국인 청년 칼 밀러, 그가 민병갈이라는 한국인으로 다시 태어났기에 천리포는 아름다운 숲과 전설이 생겼다.

어머니 에드나 밀러가 다시 한국에 와서 함께 살다가 101세(1996년)에 돌아가셨다. 어머니를 당신이 평소 좋아했던 라즈베리 펀 목련나무 아래 모셨다. 어머니를 무척이나 사랑했던 아들은 아침마다 그 나무 밑에 가서 하이 맘! 이라고 부르며 대화를 즐겼다고 한다.

그는 2002년 4월 8일, 81세로 숨을 거두었다. 무덤을 만들지 말고 나무를 하나 더 심으라는 유언대로 천리포수목원 내에 '태산목'이라 부르는 목련나무 아래 수목장으로 묻혔다. 그 후 직원들이 민병갈이 묻혀 있는 태산목 옆에 라즈베리 펀 목련을 옮겨심어 모자가 같이 있게 해주었다고 한다.

밀러 뜰에 가면 백목련, 자목련뿐 아니라 꽃잎이 별을 닮은 목련, 꽃송이가 어른 손바닥만 한 목련을 포함하여 150그루 이상의 목련을 감상할 수 있다. 여름과 가을에 피는 목련도 있다는데 다 보지 못하고 왔다.

바다와 인접한 천리포수목원은 목련이 내륙보다 천천히 개화한다. 4월은 천리포 지역에서 다채로운 목련의 향연을 즐길 수 있는 시기다. 이때는 비공개 지역인 '목련원'과 '목련산'도 공개

한다. 목련을 주제로 하는 봄꽃축제는 천리포수목원이 유일하다고 한다. 종류도 871종이나 되니 국제적인 수준이다.

노란 목련 '맥신 메릴'도 매혹적이고 빨간 목련 '불칸'도 볼 수 있었지만, 축제 기간에 가지 않아 빅버사, 로부스타는 이름만 듣고 보지를 못했다. 비공개 구역인 산정 '목련원'은 민병갈이 생전 머물던 한옥과, 희귀한 동백꽃까지 감상할 수 있다. 아직 보지 못한 곳이 많아 언젠가 다시 한번 가보려고 한다.

한국에 와 순교한 선교사들도 눈물겹고 고아들을 위해 돌봐주고 소설까지 써준 펄벅 여사도 감사하다. 황량한 바닷가 벌판에 나무를 심고 수목원을 만들어 세계적인 수준까지 끌어 올려준 민병갈도 존경스럽다.

우리나라 골프장 수는 세계 8위고, 국토 대비는 영국, 일본에 이어 3위라 한다. 코스 기준 810개의 골프장을 만드느라 나무는 얼마나 많이 뽑혀 나갔을지. 계속 늘어만 가는 골프장을 다시 보게 된다.

민병갈이 평생을 바쳐 일구어낸 세계에서 가장 아름다운 수목원이 자랑스럽다. 나무가 주인인 수목원에서 오늘도 호랑가시나무와 수백 종의 목련을 보며, 세계에서 가장 아름다운 수목원을 그는 기쁘게 지켜보고 있을 것이다.

박진주 여사를 만나다

 문학회 선생님이 단체 문자를 보내왔다.
 "내일 아침 부천에서 야외수업을 합니다. 한 분도 빠짐없이 10시까지 부천에 있는 소사희망원으로 오시기 바랍니다."
 뜬금없이 웬 야외수업이며 하필 부천인가 하여 가까운 문우에게 전화하니 놀라운 소식을 전한다. 한국 전쟁고아들과 혼혈아를 위해 애썼던 박진주 여사가 내일 부천으로 온다는 것이다. 그분이 80이 넘었고 타계하였다는 소식을 들었는데 아직 생존해 있단 말인가? 깜짝 놀랐지만, 존경하던 분이 오신다니 선생님 문자가 새삼 반갑다.
 그녀는, 미국 웨스트버지니아에서 태어났다. 생후 몇 개월 되지 않아 미국 장로교 선교사인 부모를 따라 중국으로 갔다. 부모의 오랜 중국 선교활동은 그녀가 자신을 중국 사람으로 생각했었을 정도였다. 어린 시절을 보낸 만큼 중국에 대한 애착이 많았다.

그녀는 혼자 미국으로 가서 랜돌프 매콘 여자대학을 졸업하였다. 그 후 어머니의 병환으로 다시 중국으로 건너갔다. 1917년 농학 교수였던 존로싱 벅John Lossing Buck과 결혼해 두 딸을 낳았는데, 큰딸은 지적 장애인이었다.

자서전에서 그녀는 큰딸이 자신을 작가로 만든 동기 중 하나라고 밝혔다. 결혼 후 남경 금릉대학에서 영문학을 10년 동안 가르쳤고 그 뒤 동남대학에서 3년간 영문학을 가르쳤다. 그녀는 중국을 제2의 고향이라 했고 이때의 기억들이 소설 『대지 The Good Earth』에 영향을 미쳤다.

중국을 사랑한 그녀는 다시 가고 싶었으나 중국을 왜곡한 작가로 규정되어 입국이 불허되었다, 1972년 닉슨 대통령의 역사적 중국방문 때 동행하려다 중국의 비자 거부로 가지 못했다. 비통 속에서 지내다 이듬해 별세했다고 알고 있었다. 그런데 살아 있다니.

설렘으로 밤을 새운 나는 다음날 일찍 부천으로 향했다. '경기도 부천시 소사구 성주로 214번지길 61' 골목을 한참 돌아가서 만난 작은 기념관에는 벌써 사람들로 가득 차 있었다. 다행히 문우가 자리를 맡아 줘서 앞에 앉게 되었다. 나는 그녀를 누구보다 자세히 볼 수 있었다. 그녀는 키가 크고 몸집도 약간 있었다. 80이 넘은 여인 같지 않게 피부가 곱고 백발이 잘 어울렸다. 고운 진주 목걸이는 그녀의 환한 미소와 어울려 우아하게 보였다.

꽃다발 증정 후, 도서관 관장이 그녀의 한국 사랑에 대해 말했다.

"여사님은 미국의 여성 작가로서는 처음으로 노벨문학상을 수상한 분입니다. 여사님이 처음으로 한국과 인연을 맺게 된 것은 제2차 세계대전으로 미국의 OSS에 중국 담당으로 들어온 때부터입니다."

거기서 만나게 된 유한양행의 창업자 유일한 선생에 관한 일화도 소개한다. 중국에 관한 이야기를 나누면서 한국에 호감이 생겼다고 한다. 유일한 선생의 아내가 중국계 미국인이었다. 그 친분이 한국에 오게 된 계기가 되었다. 나중에 쓴 작품 중에 주인공 이름을 김일한으로 쓸 만큼 인연을 중요히 생각하였다고 한다.

제2차 세계대전 후에도 평화를 위한 집필을 계속했다. 여사는 사회사업에도 관심이 많았다. 펄벅 재단을 설립하여 전쟁 중 미군과의 사이에서 태어난 사생아 입양 알선사업을 벌이기도 하였다.

한국을 몇 차례 방문하여 한국 관련 소설도 집필하였다. 한국 농촌을 배경으로 쓴 『갈대는 바람에 시달려도』는 1881년부터 제2차 세계 대전 말까지의 한국 상류 가정의 변천을 묘사하고 있다. 또 『한국에서 온 두 처녀』와 한국의 혼혈아를 소재로 한 『새해』라는 소설도 있다.

한국을 사랑하게 된 여사는 한국에 관한 책 집필뿐만 아니라 펄벅재단을 설립하고 유일한 선생에게 부지를 기증받아 소사희망원을 세웠다. 1973년까지 전쟁 고아와 혼혈아동을 돌보고 미용과 양장 기술을 가르쳤다.

나는 일어나서 작은 회관이 떠나가도록 열렬히 환호했다. 한국 사람도 하기 어려운 일을 한 펄벅 여사에게 고마운 마음으로 감동의 눈물을 흘렸다. 그때 그녀가 앞으로 한 걸음 나왔다. 갑자기 그녀에게 한 줌 빛이 내려왔다. 주변이 환호하듯 밝아졌.

도서관 관장은 우리에게 더 알고 싶은 사람은 손을 들고 질문하라고 한다. 그 순간 나는 번쩍 손을 들고 일어섰다. 일단 영어로 인사했다.

"hallo, how do you do! nice met you!"

내 말에 그녀는 활짝 웃었다.

"안녕하세요! 앉아서 말씀하세요."

그녀의 유창한 한국말에 나는 계면쩍게 웃으며 질문을 이어 갔다.

"어떻게 한국을 사랑하게 되셨나요? 입양도 많이 했다는데 몇 명을 하셨나요?"

그녀가 살짝 미소를 지으며 대답한다.

"나는 1960년에 한국을 방문했습니다. 처음 여행지를 농촌 마을로 정했어요. 경주를 방문하던 중 진기한 풍경을 보았습니다.

그것은 황혼 무렵, 지게에 볏단을 진 채 소달구지를 끌고 가던 농부 모습이었습니다. 힘들게 지게에 짐을 따로 지고 갈 게 아니라 달구지에 실어버리면 간단할 것이고 농부도 소달구지에 타고 가면 더욱 편할 텐데 생각하면서 말입니다. 나는 농부에게 다가가 '왜 소달구지를 타지 않고 힘들게 가냐.'고 물었더니 농부 대답이 '소도 종일 같이 일했으니 짐도 나누어서 지고 가야 한다.'고요. 그 모습은 세상에서 본 가장 아름다운 풍경이었습니다. 서양의 농부라면 누구나 당연하게 소달구지 위에 짐을 모두 싣고 자신도 올라타 편하게 집으로 향했을 것입니다. 하지만 한국의 농부는 소의 짐을 덜어 주고자 자신의 지게에 볏단을 나눠서 졌습니다. 그 모습을 보며 온몸에 전율을 느꼈어요.

나는 또 하나 한국에서 이상한 광경을 보았습니다. 겨울인데 감나무에 감이 몇 개가 매달려있었어요. 그래서 왜 다 따지 않고 남겨 두었냐고 물었더니 겨울에 새들 먹으라고 남겨 둔 까치밥이라는 거예요. 내가 한국에서 보고자 했던 것은 고적이나 왕릉이 아니었어요! 바로 그런 모습이었어요! 나는 그때부터 한국을 사랑하게 되었습니다. 한국은 고상한 국민이 사는 보석 같은 나라입니다."

황소와 농부 사이에 얽힌 이야기와, 나무에 매달린 까치밥은 여사의 작품활동에 많은 도움이 되었다고 한다. 새들에게도 배려하며 소의 짐마저 덜어 주려는 농부의 마음을 한국민의 사랑으로 받아들인 여사의 마음이 더 아름답게 느껴졌다.

한국을 사랑하고 고아를 입양시켜 가족 맺어주기를 위해 애쓴 여사는 자기도 8명의 혼혈아를 입양하였다. 대부분 한국 어린이였다고 한다.

그녀는 박진주라는 한국 이름을 만들었다. 박은 Buck이라는 남편 성과 진주는 peal이라는 자기 이름 펄벅을 한국말 뜻으로 바꾸어 지은 것이란다.

나는 또 질문하고 싶어 '저요, 저요,' 하고 소리를 질렀는데 남편이 '왜 이리 잠꼬대가 심하누.' 라며 흔드는 바람에 잠에서 깨고 말았다. 모두가 꿈이었다.

내일 부천 소사희망원으로 가기 전 자료를 알아본다고 책을 뒤적이다가 잠이 든 것이다.

내가 존경하는 박진주 여사님 사랑합니다. 감사합니다.

내가 본 꼴불견

 세상에는 보기 좋은 것들이 있는가 하면 보기 싫은 것도 많다. 시대에 따라 그 형상이 바뀌기는 하지만 꼴불견은 세월의 흐름에도 불구하고 늘 존재한다.
 술 먹고 고성방가하는 모습은 어린 나에게 무섭고 싫은 일이었다. 옆집 아저씨는 술만 취하면 동네가 떠들썩하게 소리를 지르며 목이 터지게 노래를 불렀다. 그 소리만 들리면 나는 무서워서 이불 속으로 숨었다. 누구를 욕하는지 상소리가 들리기도 하였다. 그래도 누구 하나 나서 말리거나 야단치지 않았다.
 처녀 시절 친구가 소개하는 남자를 만나러 갔다. 그 남자는 나를 만나자마자 자기 자랑을 시작했다. 거기다 허풍까지 곁들여 가관이었다. 내가 싫어 일부러 그러는가 싶어 건성건성 이야기 듣다 나왔다. 그런데 며칠 지나자 또 만나자는 전화가 왔다.

시간이 없다고 거절해도 막무가내다. 할수없이 전화번호를 바꿨다.

버스에서 큰 소리로 통화하는 사람도 꼴불견이다. 사업을 한다며 큰 소리로 전화하거나 너털웃음으로 승객들 마음을 불편하게 하는 남자들이 있다. 아주머니들도 마찬가지다. 친구와 전화 한번하면 끝이 없다. 버스에서 내릴 때까지 시끄럽다.

요즘 젊은이들은 거리에서든 전철 안에서든 시간과 장소를 가리지 않고 진한 애정행각을 벌인다. 볼 수도 없고, 안 볼 수도 없다.

나도 연애했던 시절이 있다. 둘이 만나서 차를 마시거나 이야기할 때 누가 보지 않나 하는 마음이 앞섰다. 소문이 무서워 조심스럽기만 했다. 한때는 많은 사람 앞에서 나를 사랑한다고 큰 소리로 말해 주거나 포옹하고 키스해 주기를 마음속으로 바란 적이 있었다. 그러나 언감생심 그것을 실천해 달라고 말하지는 못했다.

지금은 오히려 여자가 먼저 입술을 내밀거나 포옹하는 모습이 종종 눈에 보인다. 사람이 보든지 말든지 키스까지 한다. 나는 구세대라 그런지 그 모습이 아름답지 않고 오히려 추해 보인다.

해수욕장에서도 보기 싫은 장면이 많이 있다. 아가씨들이 거의 나체인 비키니를 입고 모래사장을 거닌다. 내 눈에는 벗은 것처럼 보인다. 모래찜질한다고 누워서는 다리는 다 내놓고 배만 모래를 얹는다. 부끄러운 건지, 멋내는 건지 선글라스는 꼭 하고 있다.

연인들은 아예 자기들의 침실인 양 애정행각을 벌인다. 텐트 안에 들어가서 키스하면 짜릿한 느낌이 없다는 듯이 사람들이 보는 앞에서 열렬하다.

다리가 굵은데도 굳이 짧은 스커트를 입는 아가씨들의 심리도 궁금하다. 내 모습 이대로 좋아해 달라고 말하는 걸까. 치마가 조금만 길었으면 좋겠다. 하지만 가끔은 젊은이들의 건강한 모습과 당당함이 부럽기도 하다.

머리를 기르거나 수염을 길게 기른 남자들도 왜 그럴까 궁금하다. 머리 묶은 예술인들 모습이 멋져 보였을까. 내 눈에는 예술인들만 머리와 수염을 기르냐는 무언의 항의 같기도 하다.

여자들이 담배 피우는 모습도 자연스럽게 우리 눈을 중독시킨다. 그렇다고 인정해 주는 것은 아니고 어쩔 수 없이 받아들인다. 그나마 요즘은 금연 장소가 확대되어 잘 보이지 않으니 감사하다.

아이들이 공공장소에서 떠들고 뛰어다녀도 무관심한 부모들이 있다. 이기적인 처사다. 미래에 우리나라를 책임지고 나갈 아이들에게 먼저 예의부터 가르치면 좋겠다.

이런저런 꼴불견을 많이 봐서 이제는 싫지만 어쩔 수 없이 받아들인다. 요즘 내가 가슴 아프게 생각하는 것이 또 있다.

고등학생들의 화장이다. 피부도 곱고 청순미 가득한 학생들이 그 순수한 아름다움을 내 던지는 일이다. 교복 입은 아이들이 짙게 화장하고 입술은 빨갛게 바르고 자랑스럽게 거리를 활보한다. 가슴이 답답하다. 아직 어려 젊음 그 자체가 아름답다는 걸 모르는 게 안타깝다.

나도 고등학교 시절 예쁘게 화장하고 싶었다. 언니의 화장품을 몰래 발라본 적이 있다. 화장하고 언니 옷을 입으니 예뻤다. 나도 커서 이렇게 멋진 옷을 입고 싶었다. 그러나 아직 때가 아니라는 것을 알고 화장을 지우고 옷도 벗어 두고는 씩 웃고 돌아섰다. 요즘 학생들은 아예 공공연하게 화장하고 교복 치마를 잘라 미니로 입고 자랑하듯 다닌다.

'아니야 애들아, 안돼 애들아! 너희의 그 젊음 자체가 아름다움이라는 걸 왜 모르니. 이쁘다고 칠한 그 빨간색이 아름다움을 죽이는 색이라는 걸 왜 모르는 거야. 진주에 색을 칠하면 진주가 아니라는 걸 왜 몰라. 몇 년만 참으면 마음껏 화장하며 성숙한 아름다움을 뽐낼 수 있단다. 지금은 순수 자체인 너희의 얼굴이 우리의 자랑이요, 보물이고 희망이란 걸 알아줘.'

타임머신을 타고

 큰불이라도 난 듯 태양이 이글거린다. 야들야들 피어 있던 봄꽃들이 눈 녹듯 사라졌다.
 여름꽃을 찾으러 카메라를 들고 손주랑 동네를 한 바퀴 돌았다. 기웃거리다 한증막 마당 구석에 핀 백일홍을 찾았다. 반가운 마음에 뛰어 들어갔다. 빨갛고 노란 백일홍이 군락을 이뤘다. 아름다움에 압도되어 한참을 들여다보았다.
 종이로 만든 것 같은, 투박한 꽃잎이 층을 이루고 있었고 가지와 잎도 억세다. 얼마나 튼튼해 보이는지 비바람이 불어와도 흔들리지 않을 것 같다. 색도 가지각색이다. 빨강, 노랑 외 연분홍, 진분홍, 다홍, 자주색까지 보지 못한 색깔들로 가득하다. 홀린 듯 백일홍 한 송이를 만지며 자세히 들여다보는데 갑자기 타임머신이 나타나 나를 태우고 몇십 년 전으로 쌩하니 데려다 놓는다.

그곳은 춘천 효자동 어느 문화촌이다. 서민들을 위한 사업으로 똑같은 빌라를 지어 놓고 집이 없는 사람들이 들어가 살 수 있게 만들었다. 매달 정한 금액만큼 은행에 돈을 넣으면 몇십 년 지난 후 내 집이 되는, 요즘에 말하는 임대 주택이다.

나도 그곳에 부모님과 함께 살았다. 그때는 그 혜택을 받는 사람들이 선택받았다며 모두 자랑스러워했다. 나 역시도 어깨를 으쓱하며 지냈다. 집마다 앞마당에 기다란 밭이 있었다. 안쪽 밭에는 상추나 쑥갓을 심고, 사람들이 지나다니는 노출된 곳에는 화초를 심었다. 울타리 친 집도 가끔 보였지만 대부분은 해바라기나 접시꽃을 심어 경계로 삼고 집안이 들여다보이는 것을 막았다. 화단이라야 꽃 종류는 빈약해서 집마다 채송화, 맨드라미, 접시꽃 종류였다.

동네 사는 몇몇 친구는 공터에서 만나 사방치기나 줄넘기하며 놀았다. 하루는 어떤 아이가 놀다 말고 모두 모이라고 한다. 그 친구가 비밀이라며 소곤소곤 말했다. 우리 동네 뒷산 쪽에 가면 강원농대가 있는데 거기 화단에 이름 모를 꽃들이 잔뜩 있단다. 거기 가서 꽃을 몰래 가져오면 어떻겠냐고 눈을 반짝였다. 우리는 좋은 생각이라고 춤출 듯 기뻐했다. 비 오는 날 저녁 아무도 없을 때 가기로 약속했다.

큰 비밀로 가슴을 콩닥거리며 비 오는 날을 기다렸다. 마침내 봄비가 내렸다. 우리는 각자 비닐로 된 비옷과 장화를 신고 모였다. 양철로 만든 양동이랑 호미를 들고 뒷산을 돌아 강원농대로 갔다. 그런데 초저녁이라 그런지 학교가 너무 밝았다. 들킬 것 같아 학교로 가지 못하고 근처에서 놀다가 좀 어두워졌을 때 들어갔다.

사전 답사로 며칠 전에 올라가서 양귀비랑 이름은 모르지만 환장할 만큼 예쁜 꽃을 눈여겨보고 왔다. 그렇지만 막상 그날은 어두워서 꽃 있는 장소를 쉬 찾지 못했다. 사람들에게 들킬지 모른다는 불안감에 허둥거렸다. 우리가 점찍어 둔 화초 있는 곳이 헷갈려 그 근처에 있는 것들을 대충 다 뽑아 양동이에 넣고 허둥지둥 뛰어 내려왔다.

다음 날 아침 우리는 꽃을 각 집 마당에 심어 주기로 하고 모였다. 전날 뽑아온 화초를 보고는 어이가 없어 웃고 말았다. 눈여겨 보아둔 양귀비나, 예쁜 꽃은 몇 송이 없고 맨드라미나 해바라기, 백일홍이 양동이를 차지하고 있었다.

백일홍이 가장 많아 울타리를 하지 않은 집 화단에 골고루 심었다. 흐뭇한 마음으로 매일 물주며 백일홍이 피기를 기다렸다. 6월 중순이 되어 백일홍이 피기 시작했다. 작은 화단에 진분홍 꽃, 붉은 꽃, 누르스름한 꽃이 나보란 듯 울긋불긋 피어 장관을 이뤘다.

타임머신을 탄 김에 내가 살던 집을 기웃거렸으나 어머니도 언니도 또 오빠도 볼 수가 없다. 웃음소리가 집에서 흘러나올 것 같고 현관문이 활짝 열릴 것 같았지만 집은 적막 그 자체였다.

백일홍보다도 더 튼튼하던 어머니가 뇌졸중으로 갑자기 돌아가신 후 우리는 그 집도 감당을 못하고 이사를 했다. 나는 섭섭한 마음에 울면서 커서 돈을 벌면 그 집을 다시 사리라고 마음속으로 다짐했었다.

　남편과 연애할 때도 내 어린 시절을 이야기하며 춘천의 효자동 옛 동네를 찾아보았다. 안타깝게도 세월을 보낸 옛집은 다 낡고 보잘것없었다. 뭐 하러 이런 집을 산다고 했던가, 하고 쓴웃음만 나왔다.

　춘천에서 강촌으로 가는 신작로 옆에 등선폭포가 있다. 어린 시절엔 숲이 울창하고 골짜기가 깊어 무섭기까지 했는데 커서 다시 가 보니 작고 얕은 폭포만 있어 실망했다. 춘천 공동묘지에 모셨던 어머니를 오빠가 모란 공원으로 이전시킨 후로는 춘천을 거의 가 본 적이 없다.

　백일홍이 내 키만 하던 시절에 어둑어둑할 때까지 동네 아이들과 뛰놀던 그 골목에서 어머니가 쓰러지셨다는 소식을 듣고 울며 뛰어가던 어린 소녀가 저만치서 손짓하며 잘 살아 주어 고맙다고 나에게 인사를 한다.

　"할머니! 집에 가자."

　재촉하는 손자 목소리에 정신이 번쩍 들었다. 타임머신도 어디론지 사라졌다. 아쉬움 가득한 어린 시절도 가고 일찍 돌아가신 어머니보다 더 머리 하얀 늙은 딸이 손주 손을 잡고 서 있었다.

면허증 반납

자동차 운전면허증을 갱신하라는 통보가 왔다. 나이가 많아 걱정된다며 남편은 이제 면허증을 반납하라고 한다. 내가 살며 유일하게 자격증을 딴것이고 그것이 자부심이었는데 반납하라는 권유를 받으니 마음이 착잡하다. 삼십 년 가까이 운전하며 생겼던 일들이 순간 활동사진처럼 머릿속을 스친다.

내 실수로 낸 사고와 남의 실수로 내가 다쳤던 일, 그때마다 만났던 사람들 행동은 다 달랐다. 가장 황당했던 것은 큰 사고도 아닌, 작은 접촉사고였다. 좌회전하려고 서 있다가 휴대전화를 떨어트려 그것을 집으려고 고개를 숙였는데 그 순간 차가 조금 미끄러져 앞차와 살짝 닿았다. 부딪친 게 아니고 살짝 닿아 앞차나 내 차도 멀쩡했다. 그래도 실수했으니 사과해야 하고 내리는 순간 너무 어이없는 모습을 보고 기절할뻔했다.

앞차에서 내린 사람은 사십 대 남자였다. 한 손으로 뒷목을 잡고 내리는 게 아닌가. 나는 다시 한번 그 차와 내 차를 쳐다보았지만 아무런 흔적도 없이 말짱했다. 스치는 순간도 흔들림이 없었는데 말로만 듣던 프로에게 걸렸다는 생각이 들었다. 나는 사과하려고 지었던 표정을 거두고 지극히 사무적인 말투로 보험사에 신고하라고 했다. 그는 너무 쉽게 당하는 나를 통쾌한 표정으로 한번 훑어보더니 내 차 번호와 전화번호를 받아적고는 개선장군처럼 사라졌다.

다음날 보험사에서 전화가 왔다. 그 남자는 어떻게 됐냐고 물었더니 합의금 백만 원으로 입원도 안 하고 갔다고 말한다. 그럼 그렇지 다치지도 않았는데 입원할 리가 없지. 백만 원 먹고 좋아하겠지만 당신은 그렇게 또 남에게 당할 거라고 마음을 위로했다. 자동차 보험료는 다음 해 가산되어 오른다고 했다. 지금 같으면 그 자리에 세워놓고 경찰을 불렀을 텐데, 그때만 해도 초보 시절이라 그냥 당하고 말았다.

친구에게 그 이야기를 했더니 여자가 운전하면 만만한 밥이 된다고 자기가 당했던 이야기를 해준다.

퇴근길이었다. 깜빡이를 켜고 끼어들기를 했다. 그때 뒤차가 빵빵거리며 달려왔다.

"여자가 집에서 밥이나 할거지 왜 나와서 얼쩡거려!"

덩치 큰 남자가 삿대질하면서 소리를 고래고래 지르더란다. 친구는 마침 그날이 월급날이라 월급 명세서를 들어 보이며 흔들었다.

"내 월급봉투 볼래요? 아저씨보다 많을걸요!"

했더니 줄행랑을 치더라며 통쾌하게 웃는다.

내 일생 중에 잘한 일 한가지가 운전면허를 딴것이라 자랑하며 신나게 다녔다. 사진 동아리 친구들을 태우고 춘천도 멀다 않고 다녔던 기억, 옆집 살던 새댁이 산기가 와서 병원에 태워다준 일 등이 즐거웠던 기억이다. 좋은 일, 나쁜 일에도 열심히 운전하며 다녔다.

나이를 먹으니 면허증 갱신도 까다롭게 변했다. 적성검사를 해야 하고 시력검사는 더 까다로워졌다. 거기에 치매 검사도 해야 한다.

시력이 합격 기준에 약간 못 미친다고 운전면허장에 가서 검사를 다시 받으란다. 이참에 면허증 반납하라고 남편은 다시 한 번 말한다. 나는 자존심 문제라 반납할 때 하더라도 면허장에 가서 시력검사를 하겠다며 운전면허장으로 달려갔다. 컴퓨터로 적성검사를 하고 치매 검사도 병원에서 돈 주고 했다.

이제 먼 거리는 가지 않고 친구들도 태우지 않고 손주들 급할 때 태워다 주고 교회만 다니겠다고 남편에게 약속하고 갱신한 면허증을 보물 숨기듯 지갑 속에 곱게 넣었다.

그렇지만 주홍글씨처럼 내 가슴에 새겨진 사건이 생각났다. 춘천으로 친구들을 태우고 사진 찍으러 다니던 중 신호등을 잘못 보고 사고를 낸 사건이다. 처음엔 내 잘못이 아닌 줄 알고 경찰관에게 호통을 쳤지만, 경찰서에 가서 ＣＣＴＶ를 보고는 고개를 숙이고만 어이없던 현실.

경찰관은 자기가 옳다고 생각하면 거짓말 탐지기를 사용해도 안 나타난다며 내가 우긴 것을 이해한다고 한다. 그곳 신호등이 좀 애매하다고 하며 큰 사고에 인명피해 없는 걸 감사히 생각하라며 위로했었다.

다쳤던 친구들이 찾아와 위로해 주고 용기를 불어넣어 주었지만, 우울증에 시달릴 정도로 의기소침하여 자신을 용서할 수 없던 날들이 이어졌었다.

남편도 다시 차를 사 주며 응원해 주었고, 친구들도 내 차에 타겠다고 하지만 그네들 마음속 불안을 짐작하여 태울 수 없고 손주를 태우고 다녀도 불안하다. 운전을 못 해서가 아니라 나를 걱정스럽게 볼 친구들 시선과 식구의 걱정에 뒤통수가 따가웠다.

단번에 T 코스, S 코스를 여유롭고 우아하게 넘고 기본 주행 코스도 무난히 넘기며 감이 있다는 칭찬을 받았다. 내 나이가 어때서 하며 오십에 획득한 2종 면허였다.

초보임에도 겁 없이 설악산을 하루 만에 다녀오고 아들이 검도장을 운영하며 사범도 없이 이리 뛰고 저릴 뛸 때는 바로 1종 면허 시험을 보고 15인승 학원 차를 운전하며 힘을 보태주었다. 그런데 불안하여 안 되겠다며 한 달을 일 년처럼 견딘 아들이 운전대를 빼앗았다. 하지만 그 일마저 자랑으로 삼던 한 달여의 봉고 운전이다.

남편하고 여행 갈 때도 지방에 가면 내가 운전대를 잡고 남편을 쉬게 할 정도로 자신 있었으니, 은근히 인정받았던 운전 솜씨였다.

요즘은 어르신들이 운전하면 위험이 많다고 면허증 반납을 권하고 있다. 노인의 경우 반응속도가 느려지고 시력이나 청력이 떨어져 상황 판단 능력이 줄어들기 때문에 사고를 많이 낸다고 한다. 거리에 넘치는 차들, 이어지는 사고에 교통체증까지.

고민하고 고민하다가 운전면허증을 반납했다. 나에게 내리는 벌인 동시에 나라에 애국하는 길이라고 생각하고 결단했다. 아들은 잘했다고 위로하고 남편은 다행이라는 듯 그동안 말 못하던 가슴을 쓸어내린다. 문제는 내 마음이다. 아무 사건 없이 운전하다가 나이가 있어 반납했다면 나라에도 떳떳하고 내게도 자랑스러웠을 텐데 조금 아쉽다.

나라에선 고맙다고 운전을 양보하여 주어 감사하다고 십만 원 상당의 상품권을 보내주었다. 큰마음 먹고 반납한 것에 비하면 미약하지만 그래도 감사한 마음으로 2인용 돌솥을 사서 요긴하게 사용하고 있다.

남편은 아직 운전하고 있다. 비 오는 밤에는 걱정이 된다. 남편도 장거리는 안 나가고 시내에서만 사용한다. 무사고 운전을 자랑하면서.

실버 대학

우리 교회는 이웃과 나누는 많은 프로그램이 있다. 해외로는 러시아와 몇 나라 선교, 국내에서는 이웃을 위한 연탄 나누기와 쌀 나누기. 가난한 교회와 생활이 어려운 교우 도와주기. 불우학생을 돕는 장학 재단 등이 있다.

그 외에도 어르신들을 위해 실버 대학을 운영하고 있다. 우리 교인들만 아니라 이웃 어르신들도 많이 참석하여 큰 호응을 받고 있다. 시작할 때 목사님이 예배를 드리고 난 후에는 운동도 하고 만들기도 한다. 노래 교실도 있어 음악회나 작은 연극도 감상할 수 있다. 끝나고 먹는 점심은 진수성찬이다.

젊은 시절 교사로 도와 달라는 요청을 거절하고 탁구나 사진 찍기 등으로 시간을 보냈는데 이제 나도 실버 대학에 가는 나이가 되었다. 아무리 그래도 내가 벌써 실버 대학에 간다고? 어림도 없는 말이라고 일축했다. 그런데 올해는 갈 수밖에 없는 상황이 벌어졌다.

같은 아파트에 사는 유빈이 할머니 때문이다. 유빈이 할머니는 의정부에 집이 있다. 나와 알게 된 것은 아들, 며느리가 맞벌이하기 때문이다. 주중에는 안양에 있는 아들 집에 와서 유빈이를 돌보고 주말에는 당신 집으로 간다.

유빈이가 우리 손주 설우하고 한 반이 되었다. 둘이 친구가 되어 할머니끼리도 자연스레 알게 되었다. 일주일에 한 번은 같이 만나 점심도 먹고 커피도 마시면서 우정을 키우게 되었다. 시간이 흐르면서 깊은 이야기까지 나누는 사이가 되었다. 알면 알수록 아름다운 마음씨를 보게 되어 정을 주고 친구가 되었다.

한번은 커피를 마시면서 하는 말이 손주가 6학년이 되니 예전처럼 돌봐 주지 않아도 된다고 했다. 이제 오지 않겠다고 했더니 아들 내외가 놀라며 말렸다고 한다. 남은 노년은 나를 위해 쓰고 싶은데 단념해야 하냐고 하소연이다.

자식은 혼자 사는 어머니가 손주 돌보러 다니는 게 소일거리도 되고 또 자주 뵈니까 안심도 됐을 것이다. 그런저런 이유로 계속 와달라고 한단다.

반대로 유빈이 할머니 입장은 손주도 어지간히 컸으니 당신 생활을 찾고 싶은 게 당연하다. 손주가 학교 가고 난 후 우두커니 혼자 있는 것도 무료했을 것이다. 친구들과 차를 마시면서 수다도 떨고 싶은 마음을 비슷한 나이라 이해한다.

경쾌한 초록별

그동안 친구로 지낸 정으로 내 의견을 전했다. 먼저 의정부에 있는 집을 팔고 안양으로 이사해 가까운 곳에 살면서 아들 집으로 출퇴근하면 어떻겠냐고 제안했다. 낮에는 취미 생활을 하고 손주 올 때쯤에는 집에서 맞이하며 아들이 주는 용돈도 마음 편히 쓰면 좋지 않냐고 했다. 그렇지 않아도 아들도 그렇게 말하고 작은아들도 동의한다고 한다. 또 아들들 말대로 하고 싶은 이유가 나를 계속 친구로 만나고 싶은 것이라고 한다. 그동안 당일치기 여행을 같이 다니고 매주 점심을 함께 먹으며 친분을 쌓아 온 게 어느 정도 마음의 위로가 되었나 보다.

이야기를 듣다 은근히 걱정이 생겼다. 이제 안양으로 이사 오면 같이 지내는 시간이 늘게 되는데 어찌하면 좋을까? 책보며 사색하는 것보다 동적인 친구 같은데, 어떻게 같이 시간을 보내야 할까? 생각하다가 문득 교회에서 운영하는 실버 대학이 생각났다. 새 학기가 시작되어 같이 가자고 권했다. 그래서 생각지도 않았던 실버 대학에 같이 입학했다.

개강예배 때 목사님이 말했다.

"사람은 이 세상에 태어날 때도 빈손이요 죽을 때도 빈손으로 갑니다. 그래서 수의에는 주머니가 없지요. 그렇지만 오늘 가지고 갈 수 있는 두 가지를 가르쳐 드리겠습니다. 하나는 남에게 베푼 사랑이고 또 하나는 하나님을 기쁘게 해 드린 마음입니다."

설교를 들은 유빈이 할머니는 은혜받았다고 한다. 교회에 다니다 쉬고 있었는데 다시 다녀야겠다고 약속했다. 이사 올 때까지 수요일만이라도 교회에 다니며 좋은 일을 좀 해야겠다면서 내 손을 꼭 잡는다.

예배가 끝나고 가벼운 체조를 시킨다. 초청해온 공연팀이 오카리나와 트럼펫 연주를 들려준다. 외부 강사가 요즘 유행하는 유행가도 알려준다. 칠십여 명 노인들이 즐겁게 노래하며 손뼉치고 율동도 하니 어린이집이 여기구나 하는 생각이 들었다.

백세 시대에 내가 다니는 교회에서 실버 대학을 운영하니 행복한 사람들이 늘어나겠다는 생각에 가슴이 뿌듯하다. 실버 대학은 아직 멀었다고 손 내젓던 내 마음이 계면쩍어 씩 웃으며 옆을 본다. 유빈이 할머니가 행복한 모습으로 노래하며 율동하고 있다. 유빈이 할머니랑 같이 교회에 다니며 서로 선한 경쟁을 하겠다고 생각하니 기쁜 마음에 꿀이 뚝뚝 떨어진다.

아직은 주일이면 먼 곳에서 예배드리러 온다. 문학 공부도 하자고 권유하여 함께 만안문학회에서 열심히 배우고 있다.

동적인 할머니라고 판단했던 내가 무색하리만큼 시 쓰기에도 관심이 많고 열정적이다. 늦게 입문했지만 교회 생활과 문학도의 생활이 행복했으면 좋겠다고 간절히 기도한다.

닉네임

요즘 인터넷에 동아리 방이 많다. 그곳에 드나드는 사람들을 보면 실명보다 거의 닉네임을 쓰고 있다. 넉넉히, 선돌, 은초롱, 진흙피리, 꼴통이모, 메밀꽃 등 재미있고 괴상한 닉네임이 많다.

내 이름은 평범하고 많은 사람이 가지고 있는 영숙이다. 촌스럽다. 그래서 늘 멋진 닉네임을 하나 가졌으면 했다. 남편과 연애 시절 편지에 애칭으로 불러 주던 숙영이 생각난다. 영숙을 뒤바꾸어 불렀는데 한결 고상한 이름 같아 마음에 들었다. 남편은 내 인생을 행복하게 뒤바꾸어 주겠다고 말하면서 늘 숙영, 숙영하며 불렀다. 그 이름이 좋아서 사진 동아리에서도 썼고 교회 신문에도 사용하고 시 마을에 투고할 때도 썼다.

그런데 문학을 공부하고 싶어 문예 창작반에 입문했는데 같은 반에 숙영이라는 이름을 가진 사람이 있다. 숙영이라는 이름이 좋아 주민등록까지 바꾸려고 했는데 아쉬웠다. 섭섭하지만 본명이 아닌 내가 닉네임을 바꾸기로 했다. 무엇으로 지을까 한참 고민하는데 한 친구가 말했다.

"초록별이 어때? 신선하고 좋잖아."

친구는 우주에서 지구를 보면 햇빛에 반사되어 초록색이 된다고 한다. 생각하니 좋았다. 초록별이 마음에 쏙 들었다.

나는 작고 볼품없지만 내가 믿는 하나님이 빛을 보내 주신다면 싱그럽고 아름다운 초록색을 내지 않을까. 그리고 높이 뜨고 싶으니까 별이라고 하자고 마음을 정했다. 카페에 초록별이로 등록하고 사진을 올릴 때나 글을 쓸 때 사용했다. 문제는 여기에도 도사리고 있었다. 문인들이 초록별이를 젊은 사람으로 생각하는 것이다. 어쩌다 내가 초록별이라고 하면 사람들은 깜짝 놀란다. 그러거나 말거나 그냥 밀고 나왔는데 이제 수필집을 내려고 생각하니 이름이 다시 고민이다.

영숙이라는 이름은 어떤가 생각해 본다. 흔하고 촌스럽지만 나를 낳아준 아버지가 지어준 이름 영화 영자에 맑을 숙, 영화롭고 맑게 살라는 뜻이다.

이름은 촌스럽지만 뜻은 새롭고 고상하다. 다른 이름으로 바꾼다면 사랑하는 아버지의 유산을 버리는 것이 되지 않을까?

책이 나오면 동아리에서 알고 지내던 분들에게 주소를 물어 책을 보내줘야 한다.

"제 이름이 사실은 숙영이 아니고 영숙이에요."

그때 그분들 반응이 어떨까? 재미있는 상상으로 혼자 웃는다.

순서

　순서는 질서와 연결이 된다. 버스를 타든지 놀이터에서 순서를 기다리며 줄을 서는 것은 질서를 지킴으로서 평화롭고 아름다운 인간관계를 맺기 위해서다. 차례도 비슷한 말로 아침에 일어나면 세수하고 밥 먹고 설거지하는 동작의 진행 순서를 말하기도 한다. 집안에서도 할아버지가 어른이고 그다음 할머니 아빠 엄마 형 동생 이런 순서로 안 보이는 약속이 자동으로 이루어진다. 세상에 태어난 순서로서 계열이 형성되고 위 아래로서의 질서가 자연스럽게 이루어지고 있다. 그러나 아닌 것도 있다.
　몇십 년 전 여름이다. 교우들 중 친한 몇 사람이 여름휴가를 가기로 했다. 그중 한 명이 공주에 친정 부모님이 생전에 살던 집이 비어 있으므로 그곳에 가서 자자고 한다. 형제들이 그 집을 팔지 않고 별장으로 사용하기로 했다고 한다. 첫날은 그 집에서 하룻밤 묵기로 하고 여행을 떠났다.

계룡산을 다녀온 후 친구네 별장에서 수다 떨며 모처럼의 일탈을 즐겼다. 해도 해도 끝이 없는 수다는 여름날 밤을 별처럼 수놓고 피곤하다면서도 잠잘 생각들을 안 한다. 친구 중 한 사람은 유방암 수술로 한쪽을 도려내고 항암 치료를 마친 후 얼마 되지 않았다. 잘 견디어 냈다고 격하게 칭찬하고 그 친구를 위해, 또 다음날 일정을 위해 자기로 하고 자리에 누웠다.

여행 이틀째 날은 대전 쪽으로 방향을 정하고 대청댐에 갔다가 오후에 대전 우암 송시열 사당으로 가기로 했다. 나는 대전 어머니 생신으로 대전에 남고 친구들은 옥천 쪽으로 가서 일박 더하고 돌아가기로 했다.

제일 젊은 친구가 운전하고 우리는 경치를 보며 이야기꽃을 피우느라 시간 가는 줄을 몰랐다. 어디쯤인지는 지금도 생각이 안 나는데 친구들 휴대전화에서 알림 소리가 동시에 울렸다. 웬일이야 동시에 울리다니 무슨 일이지? 하고 한 친구가 휴대전화를 열어 읽어 보더니 비명을 지른다.

"○○이가 소천했다네!"

놀라서 모두다 휴대전화를 확인하고는 저마다 한마디씩 한다. 우리 교회는 급한 기도 제목을 공유하는 카톡이 있고, 경조사를 알리는 문자를 공유한다. 소식을 동시에 알 수가 있는 알림이다.

소천한 친구도 같은 나이 또래라 친하게 지내고 있는 사이다.

이 친구도 유방암이었는데 새로 나온 수술법이라고 유방을 도려내지 않고 암이 있는 부위만 파서 꺼내는 수술을 했다. 유방 모양을 살릴 수 있다고 좋아하고 수술도 성공적이라고 의사가 말해 기뻐하며 항암 치료를 마치고 여행도 다니곤 했다. 그러나 일 년이 지나자마자 다른 부위에 전이가 되었다고 제 입원하여 수술한다고 했는데 이번엔 이기지 못하고 소천한 것이다.

그동안 기도를 많이 했다. 요양지에 갈 때는 따라가기도 하고 제각기 반찬도 만들어 입맛에 도움이 되기를 바라기도 했다.

우리는 차를 한쪽에 세워놓고 엉엉 울었다. 믿음이 좋은 친구라 천국은 갔으리라 믿지만 남겨진 남편과 삼 남매는 어쩌란 말인가. 아직도 할 일이 많이 남았는데 왜 벌써 데려가신 것일까? 알 수 없는 일들이 많이 생기지만 그 뜻을 알 수가 없다.

여행이고 뭐고 다 걷어치우고 안양으로 가자고 차를 돌린다. 근처에 시어머니가 계신 나는 내일 아침 생신 미역국을 끓여 드리고 바로 가겠다고 하여 버스 정류장 있는 곳에 내려주고 차는 뒤도 안 돌아보고 쌩하니 달린다.

오는 것은 순서가 있고 가는 것은 순서가 없다지만, 이렇게 젊은 사람들이 아파서 가고 사고로 가고 하는 것을 보면 황망하다.

전주에 발령받아 가서 다니던 교회에서는 친구 남편이 차 사고로 응급실에 있다고 전 교인이 밤새도록 기도한 적이 있다. 살려 달라고 애원하며 기도했지만, 일주일을 못 버티고 타계했다. 친한 친구였기에 나의 실망과 허탈함은 말할 수가 없었다. 믿음까지도 흔들릴 정도였다.

어린아이가 아프다고 새벽마다 아기를 안고 교회에 와서 기도하던 젊은 어머니, 신혼 초에 교통사고로 전신이 마비되어 식물인간으로 숨만 쉬는 새댁. 왜 그러시냐고 묻고, 묻고 묻던 절규. 아직도 그 문제만큼은 얻은 해답이 없다.

다음날 어머니에게 양해를 구하고 일찍 집을 나섰다. 팔순의 어머니, 건강하게 사시라고 처음 뵐 때만 하던 큰 절을 올 때도 하고 나왔다.

순서가 없는 길, 오는 내내 버스에서 그분께 물었다. 그곳은 질서가 무너지지 않나요? 가는 순서 없이 뒤죽박죽, 젊은이 늙은이 안 가리고 가는데 천국은 예쁘고 착한 사람 순서대로 가는 건가요?

입관 예배에 임한 유가족은 의외로 평온한 모습이다. 이 땅에서 받던 고생을 끝내고 천국에서는 행복하게 지내리란 믿음이 이별의 슬픔을 뛰어넘는 것 같다.

'천국에서 만나보자. 그 날 아침 거기서……'

우리는 힘껏 찬송가를 부르며 그날을 약속한다.

소원

성탄절에 손주들에게 무슨 선물을 사 주면 좋을까 고민하던 중에 주말에 만나게 되었다. 이 기회에 어떤 것을 원하는지 알아보고 싶어 잠자기 전에 싼타 할아버지에게 기도를 하라고 했다. 여섯 살 작은놈이 기다렸다는 듯 두 손을 마주 잡고 무릎을 꿇더니 기도한다.

"산타 할아버지 제발 소원이에요. 성탄절에 어린이용 컴퓨터를 선물로 주세요. 엄마가 비싸서 안 사준대요."

열두 살 큰놈은 산타할아버지가 없다는 걸 다 아는데도 씩, 웃더니 기도를 한다.

"산타 할아버지 저는 파마를 하게 해 주세요. 피아노 대회 나가기 전에 멋지게 머리를 만들고 싶거든요."

'이 녀석 능청 좀 봐라!' 나는 슬며시 웃음이 났다. 분명 나에게 요구하는 것이다. 그렇게 아이들의 바람을 알아냈다. 큰놈에게는 파마해주라고 하고 작은놈에겐 컴퓨터를 사서 전날 머리맡에 두라고 돈을 애들 어미에게 보냈다.

성탄절에 애들 집에 가서 초인종을 누르니 작은놈이 문을 열어주며 큰 소리로 말한다.

"할머니! 할머니 집에서 간절히 기도했더니 정말 산타 할아버지가 선물을 보냈어요. 그런데 카드 보니까 산타 할머니래! 산타 할머니도 있나 봐요!"

큰놈은 멋지게 파마한 머리로 고맙다는 표정을 짓는다. 그러더니 꾸벅 고개를 숙인다.

애들 아비도 유치원에 다닐 때 원장님이 산타 옷 입고 빨간 모자 쓰고 선물 보따리를 들고 나타나니 하나님 만난듯이 큰절을 정성껏 하였다. 언제부터 산타는 가상이라는 걸 알았을까? 큰놈도 몇 학년에 알았을지 궁금하다. 작은놈은 앞으로 몇 년이나 더 산타에게 기도하고 선물을 부탁할까?

작은놈이 신나게 컴퓨터를 자랑하더니만 나에게 걱정스럽게 묻는다.

"할머니는 선물 못 받았어요? 소원을 말 안 했어요? 간절히 기도하면 주는데!"

"간절히 어떻게 기도해?"

하고 물으니 작은놈이 자신 있는 표정으로 말한다.

"진짜 진짜 원하는 거 두 손 모으고 말하는 거야."

한다.

나는 무슨 소원이 있나. 무얼 받으면 좋은가. 곰곰이 생각해도 간절한 것이 없다. 더군다나 두 손 모으고 기도할 것은 없는 것 같다. 내가 필요한 건 이미 다 받았고, 내게 꼭 있어야 하는 건 빌지 않아도 주셨는데 더 달라고 하는 건 욕심이지 싶다. 남북통일을 빌까. 돈 좀 주십사고 빌까. 건강? 여행? 얼굴에 주름살 없애 달라고 빌까?

나도 예전에는 소원이 있었다. 막연하게나마 백마 탄 왕자님이 나를 왕궁으로 데리고 가 주기를 바랐다. 동화 속 이야기처럼 성탄절이면 불우한 이웃들에게 선물을 나누어 주는 산타였으면 했고, 우는 아이에게 따뜻한 손을 내밀고 꿈을 키워주는 보육원을 차린다거나 양로원을 차려서 좋은 일을 많이 하고 싶었다.

왕자님은 만났고 세월에 올라타서 여기까지 왔다. 나는 큰돈을 사회에 기증한다거나 아프리카에 가서 가난한 아이들을 품는다거나 미혼모들을 돕는다거나 하는 일은 못 했지만, 매달 적은 금액을 자선단체에 보내고 있다.

남편, 아들, 손주, 조금 더 나아가 이웃의 친구나 지인들을 사랑과 섬김으로 작은 울타리를 치고 살았다. 그 안에서 오순도순, 아웅다웅, 사랑하고 사랑받고 하며 나이를 먹는다.

앞으로 몇 년을 더 이 땅에 머무를 수 있을지 모르지만 조금은 더 눈을 들어 멀리 내다보길 원한다. 소원을 들어주는 사람이 되어 보면 어떨까. 내 손주가 아니고 아들이 아닌 모르는 사람들의 소원을 하나하나 품어주고 풀어주는 산타가 되면 좋겠다. 말없이 이야기를 들어주는 인자한 할머니의 모습도 그려본다.

  소원이 소원해지는 이 나이에 말이다.

■ 해설

순수와 진실이 만나다
― 이영숙의 수필 세계

배 준 석
시인 · 문학이후 주간

　수필도 나름 특징이 강하다. 문학의 주류인 시나 소설이 아니라는 것이 첫째 이유다. 물론 평론이나 희곡도 아니다. 하지만 이들이 가지고 있는 특징을 다 포용할 수 있다는 것이 두 번째 이유다. 세 번째는 누구나 쓸 수 있다는 것이다. 하지만 문학성 있는 수필은 결코 쉽게 쓸 수 없다는 것이다.
　시는 짧고 소설은 긴 데 비해 수필은 그 중간이라는 것도 특징이다. 시는 숨기는 것이고 소설은 제3자를 통해 이야기를 펼쳐 나간다면, 수필은 자기가 주인공이 되어 주도적으로 쓴다는 것이다.
　여기서 특징을 살린다는 것은 장르의 구분을 확실하게 하지만 갈수록 서로 들어지고 만나고 헤어지고 다시 결합하는 가운데 장르의 경계가 모호해 지고 있다. 산문시가 유행처럼 퍼져나가고 희곡체 수필도 오래전에 나왔다. 장르 해체, 이도 옛말이 되었다. 퓨전 수필이라는 말도 마찬가지다.

무엇이든 어떤 틀을 만들어 놓고 그 안에 가두면, 다시 말해 자유를 속박하면 어려움을 겪게 된다. 수필 이론을 보면 그런 틀이 많아 의아스럽기까지 하다.

수필은 쓰는 의도에 따라 이름을 달리하기도 한다. 예를 들어 일기체로 쓸 수도 있고 서간체로도 쓸 수 있다. 이렇게 확장 시켜나가면 시체詩體, 소설체 등도 나오게 된다. 그렇다면 시의 특징인 상상도 과감하게 가미할 수 있고 소설의 특징인 대화체를 빌려 전 편을 쓸 수도 있다. 이러한 파격적인 수필 쓰기는 현대 수필에 있어서 핵심적인 요소가 된다. 이를 살려 나가야 한다는 것도 고상한 수필의 한계에서 벗어나는 다양한 시대에 부응하는 일이 된다.

현실이, 생각이 상상 이상으로 바뀌는 첨단 과학 세계에서 수필은 제자리걸음만 할 수 없다. 아니다. 이제 다른 장르보다 앞서 다양한 세계를 만들어나가야 한다. 수필이 선구자 역할을 할 수 있는 일들은 도처에 가득하다.

부담 없이 현대인들에게 다가서기 좋다는 수필의 장점도 살려야 한다. 시처럼 어렵지 않고 이 바쁜 시대에 소설처럼 긴 글을 읽는 부담도 없다. 그러한 시대적 요청에 맞춰 다양한 시도와 새로운 소재와 문학성 있는 수필 세계를 만들어나가야 한다. 이 또한 자연스럽게 스며들 듯 일어나야 하는 일이다. 수필의 특징은 자연스러워야 한다는 것도 빼놓을 수 없다.

이러한 전제는 오래 수필을 쓰고 한 권의 수필집을 만드는 이영숙 수필가의 작품을 이야기하기 위해서이다. 수필집 속에는 한 사람의 우주가, 한 생이 고스란히 들어 있다. 사상이나 철학, 사랑과 이별 등등이 어떠한 형태로 이야기되고 풀어나가고 의미 부여가 되고 있는가를 따져 나가는 것은 그래서 진중한 일이 된다. 이를 세세히 이야기하려면 상당한 시간과 지면이 필요하여 몇 가지로 크게 특징을 잡아 이영숙 수필가의 면면을 살펴보고자 한다.

이야기 곁에서

시를 뺀 나머지 장르는 다 산문이다. 그래서 수필과 소설은 서로 다르지만 산문이라는 측면에서 보면 이야기를 쓴다는 점이 유사하다. 수필 속에서 제3자 이야기가 나오면 깜박 짧은 소설 읽는 기분이 들 때도 있다. 이러한 소설체 수필의 진수를 이영숙 수필가는 자주 보여주고 있다. 소재와 이야기가 문체와 잘 맞아 만들어낸 결과이다.

입추가 지나자 무덥던 날씨가 조금 시원해졌다. 저녁이 되면 공원을 산책한다. 배롱나무 주위를 돌며 사진을 찍고 그 앞에 놓인 긴 의자에 앉아서 예쁜 꽃을 바라보는 재미에 푹 빠져 있다.

꽃말은 헤어진 벗에게 보내는 마음이다. 갑자기 심장이 벌렁거리며 한 여인이 생각난다. 내가 새댁 때 만나 2년여 한집에 살던 여인이다. 부안으로 발령받은 남편을 따라 이사 간 우리는 전세를 살게 되었다. 그곳에서 같이 세를 사는 예쁜 여자를 만났다.

그녀도 아들이 있었다. 방 앞에 선인장을 종류별로 많이 키웠는데 그것을 구경하다 사귀게 되어 친구처럼 지내게 되었다.

— 「배롱나무」에서

배롱나무꽃을 보며 떠오른 그녀가 주인공이다. 2년여를 같이 살았던, 아들이 있었던 예쁜 그녀 이야기가 어떤 사연으로 펼쳐질 것인지 관심을 끌고 있다. 첫인상이 깊게 느껴지는 부분이다.

주인집은 뜰이 넓었다. 뒤뜰에는 앵두나무를 비롯해 여러 과일나무가 있고, 앞마당에는 키가 크고 굵은 목백일홍이 우뚝 서 있었다. 우리는 배롱나무 아래서 아이들이 자전거를 타는 것을 보며 이야기를 나누었다.

그녀 남편은 나이가 많고 집을 비우는 일이 잦았다. 출장 간 것이라고 말은 했지만 무언가 석연치 않은 느낌이 들었다. 그렇지만 대놓고 묻는 것도 예의가 아닌 것 같아 모른척하며 일상적인 이야기만 나누었다. 살림도 깔끔하게 잘하고 음식 솜씨도 좋았다.

— 「배롱나무」에서

그녀의 특징을 간단명료하게 잡아놓고 남편 이야기로 예사롭지 않은 사연을 전개 시키며 궁금증을 유발하고 있다. 이는 구성의 문제로 이야기를 효과적으로 풀어내는데 유용한 일이다. 이영숙 수필가는 이러한 세련된 구성 방법으로 독자를 글 속으로 끌어들이고 있다.

그날도 배롱나무꽃이 활짝 피었다. 깔끔하게 차려입은 노부인이 기웃기웃 대문을 들여다봤다. 누구를 찾는 것 같더니 마당에서 뛰어놀던 아이를 보고 달려가 껴안고 울었다. 한참을 울던 노부인은 놀라서 쳐다보는 그녀의 손을 잡고 방으로 들어갔다. 나는 덩달아 놀라서 얼른 아들을 안고 방으로 들어왔다. 궁금하지만 엿들을 수도 없는 노릇이었기에 애만 태웠다.
몇 시간이 지났다. 기척 없이 조용하더니 노 부인이 조용히 나와 대문을 나섰다. 배웅하는 그녀 눈이 울었는지 뻘겋게 충혈되었다.

— 「배롱나무」에서

노 부인과 그녀와 아이 사이에 묘한 기류가 흐르고 있다. 사실이 픽션 보다 더 절절한 분위기를 보여주고 있다. 수필이 소설보다 더 진한 이야기를 전해줄 수 있다는 것을 증명하고 있다. 소설체 수필의 진수가 유감없이 발휘되고 있는 것이다. 이는 수필의 장점을 살려 소설적 특징을 끌어들인 결과이다.

> 배롱나무꽃은 점점 더 붉게 물들어갔다. 주인집 아주머니가 배롱나무 밑으로 나를 불렀다.
> "이제야 하는 말인데…."
> 아주머니는 누가 들을까 겁나는 듯 조심하면서 말했다.
> 그녀의 남편은 원래 결혼한 사람이라고 했다. 아이가 없어서 따로 여기에 살림을 차렸단다. 그녀와의 사이에서 아들을 하나 얻은 남자는 신이 나서 먼저 부인과 이혼하려고 했지만 완고한 어머니는 조강지처는 내쫓는 게 아니라면서 아기를 데리고 오면 키우겠다고 하더란다. 지난번 노부인이 온 것도 그 문제 때문이었다고 한다. 노부인이 자네는 젊으니 아기를 주고 새 삶을 살도록 하라며 돈을 두둑이 줬다고 한다.
> "절대로 아기를 못 준다고 했다는데…."
> 아주머니가 안타까운 듯 말을 흐렸다.
> 배롱나무꽃은 지고 있는데 친정에 간다던 그녀는 백일이 지나도 오지를 않았다. 며칠 지나 집에 온 그녀의 남편은 아기와 엄마가 없는 걸 알고 그길로 뛰쳐나갔다.
>
> ―「배롱나무」에서

소재가 이야기를 만들고 그다음 어떠한 글로 형태를 만들 것인가는 중요하다. 배롱나무는 여기서 엑스트라지만 차마 꺼내기 힘든 붉은 사연을 전해주는 메시지 강한 존재로 등장하고 있다. 그리고 예전에 있었던 이야기를 통해 이 시대 있을 또 다른 붉은 사연들을 유추해보게 한다. 시대가 바뀌어도 사람 살아가는 과정에서 생기는 사연들은 끊임없이 이어지고 생기고 또 사라지고 있다. 이를 놓치지 않고 끌어당기는 힘이 이영숙 수필가에게 있다는 것도 확인하게 된다.

상상 곁에서

문학의 나라에서 상상은 최고의 권좌에 앉아 있다. 그런데 유독 수필의 나라에서는 그 명성만큼 제 자리를 지키지 못하고 있다. 수필이 사실적인 이야기를 해야 한다는 특징 때문이지만 사실에 기반을 둔 상상은 얼마든지 사용 가능한 일이다. 상상이 없어 오히려 수필이 딱딱하고 삭막한 느낌이 든다면 지나친 억측일까. 아니다. 상상은 사실적 요소를 윤택하게 하며 여유까지 만들어 주는 역할을 한다. 초현실까지는 아니라도 상상을 통해 사실이 안고 있는 한계도 극복하고 문학성도 확보할 수 있다. 글은 생각을 쓰는 것이기 때문이다.

상쾌하면서도 달콤한 로봇 새소리에 J 씨는 눈을 떴다. 피곤이 가시지 않아 삼십 분 정도 더 잘까 하다가 오늘이 어머니 생신이라는 것이 생각나 벌떡 일어났다. 이미 생신 선물로 달나라에 육박 칠일을 패키지로 보내 드렸지만 98세 되는 날을 혼자 보내게 둘 수는 없었다.

― 中略

벨을 누르니 똘똘이가 쟁반에 뜨거운 물수건이랑 양치할 물을 가지고 온다. 오늘따라 발걸음이 시원치 않다. 똘똘이 녀석, 업데이트할 때가 되었나 보다. 아침은 간단하게 알약으로 부탁하고 뉴스를 본다.

― 中略

이번에는 종합 비타민이 들어있는 귀걸이를 사 가리라 마음먹는다. 귀걸이처럼 끼고 있으면 자동으로 비타민이 투입된다.

― 中略

어머니는 아직도 J 씨가 어린애로 보인다. 만날 때마다 자가 비행기 운전 조심해라, 불조심하라며 잔소리한다. 냉장고 단추를 눌러 자동으로 깎은 과일을 내놓고 먹으라고 성화를 부린다. 그럴 때마다 J 씨는 어린아이가 되어 어리광 섞인 미소를 날리며 과일을 먹는다.

― 中略

아침 건강 체크를 위해 J 씨는 닥터를 부른다. 컴퓨터에 연결하기만 하면 로봇이 온몸을 진찰하고 처방을 내준다. 이는 아직 성성하며 혈압도 정상으로 조절되고 있고 당뇨는 위험수위에 있으나 약만 꾸준히 먹으면 좋아진다고 말한다. '좋아요.' J 씨는 혼자 중얼거리며 옷을 입는다.

― 「2045년의 어느 봄날」에서

20년 후를 상상하며 쓴 마치 공상과학 소설 같은 수필이다. 여기서 상상과 소설이 극적으로 만나는 장면을 살펴보게 된다.

상상은 무한대다. 그 세계를 마음껏 날아다니도록 신神은 인간에게 특혜를 주었다. 이 은총을 쓸데없는 생각이라고, 현실성이 없다고 등한시할 것인가. 그렇지 않다. 단순하게 생각할 수 없는 부분들이 상상 속에는 충분히 들어 있다.

일차, 지금 우리 살아가는 현실과 20년 후의 상상이 비유되는 모습이 새롭고 신기하다. 달나라로 여행을 가거나 자가 비행기를 타고 다닌다는 가상은 현실로 다가올지 모른다. 때로 모른다는 말이 가지고 있는 매력을 곱씹어 보게 된다.

이차, 재미가 있다. 상상이 가지고 있는 특징이다. 이를 즐기는 것은 현실의 팍팍한 현실에 윤활유 같은 역할을 해준다. 상상도 못하고 현실에 발목 잡힌 채 허덕이며 살아가야만 하는가. 수필도 그래야 하는가, 쉽게 동의할 수 없는 부분이다.

이영숙 수필가는 이미 알고 있다. 상상의 세계에서 상상 이상의 이야기와 의미가 만들어진다는 것을. 기실 20년이 문제가 아니라 30년, 50년, 100년 뒤를 헤아려 보고 있다는 것도 은근 숨기고 있다. 그런 매력을 슬쩍 꺼내 보여주고 있다.

손님 곁에서

정현종 시인은 「방문객」이라는 시에서 한 사람이 찾아오는 것은 한 사람의 일생이 찾아오는 것이라고 했다. 그렇다면 글 쓰는 사람에게 찾아오는 사람들은 모두 각별한 인연이 된다. 그 사람들의 일생을 찬찬히 살펴보면 그 안에 숨겨진 사연들은 또 얼마나 많을 것인가. 누군들 한 가지 아픔과 한(恨)이 없을 것인가. 그래서 글 쓰는 사람은 내 말보다는 남의 말을 많이 들어야 한다는 공식이 나온다. 비록 그 사람이 진상을 떨더라도 말이다.

  우리 교회에는 걸인들이 많이 온다. 한 사람, 두 사람, 셋, 넷. 시도 때도 없이 와서 돈을 달라고 한다. 사무원이 정신이 없어 일을 못 하자 일주일에 한 번 주겠다고 공표했다. 정해준 목요일이면 열 명 정도의 손님들이 와서 아침부터 줄을 선다. 여기 온 사람들은 이곳에서 돈을 받고는 재빨리 또 다른 교회로 이동한다.
  그중에 한 사람인 그는 키도 크고 허우대도 멀쩡하다. 넉살인지 사교성인지 인사성도 밝다. 줄을 서 있다가도 교인이 들어서면 넙죽 인사를 하고 활짝 웃는다. 주일이 되면 교회 식당에 와서 식판을 들고 서 있고, 밥을 다 먹고도 돌아가지 않고 있다가 식당 청소 때 의자를 올려놓거나 걸레질을 도와준다. 반찬이 남으면 싸주는 걸 기다리기도 한다.

―「진상 손님」에서

  힘들고 어려운 사람을 도와준다는 것은 말처럼 쉬운 일은 아니다. 그것도 멀쩡하게 생긴 사람이 자기 힘으로 살아갈 생각은 없이 남의 도움만 바란다면 분명 진상이다. 그런 사람에게 손님이라고 불러 주는 이영숙 수필가의 마음이 먼저 읽힌다. 단순히 흉보려는 것이 아니라 그 밑바탕에 사랑과 관심이 깔려 있다. 이는 이번 수필집 전편에 은은하게 깔려 있다.

    교회를 다 짓고 이사를 와서 여러 가지 행사로 바쁘게 지내던 어느 날이다. 일층에 커피자판기가 있고 교인들이 차를 마시며 대화하라고 의자를 놓았다. 본 것 같기도 하고, 처음 같기도 한 어떤 사람이 앉아 우리를 보고 씩 웃는다. 옷을 단정하게 차려입은 것으로 봐서 새로 등록한 교인인가 싶었다. 씩 웃는 얼굴을 본 순간 몇 년 전까지 우리 교회를 드나들던 그 진상 손님인 것을 알게 되었다. 반가운 마음에 그동안 어디서 어떻게 살았냐고 물었더니
"커피 한잔 빼 주면 말할게요."
    하며 뻐기듯 한다.
    달달한 커피 한잔에 행복해하며 그가 말하기를 코로나 때문에 집에 다녀왔다고 한다. 놀라움에 집이 있었냐고 물으니 집 없는 사람이 어디 있냐고 한다.
    문제는 그의 방랑벽이었다. 옷도 멀쩡하게 챙겨 입고 말끔하게 면도까지 하니 얼핏 신사 같기도 하다. 답답해서 죽을뻔했다는 말로 가족관계와 사는 곳을 어물쩍 넘긴다.

— 「진상 손님」에서

    커피까지 얻어 마시는 유들유들한 진상 손님은 이미 교인들이 착하다는 것을 알고 있다. 믿고 와서 신세 져도 된다는 것도.

이 각박한 세상에 웃으며 가족처럼 맞이해 주는 곳이 많지 않다는 것도. 이영숙 수필가의 소재는 이렇게 발길 닿는 곳에서 다양하게 만나는 사람들을 작품으로 승화시키고 있다. 단순 만남으로 끝나지 않고 작품의 주인공으로 당당하게 등장하고 있다. 그리고 하나님을 믿는 심성이 문장 속에서 고스란히 드러나고 있다. 의미도 이야기 속에 녹여져 따로 준비하지 않아도 된다.

웃음 곁에서

글은 읽는 재미가 있어야 한다. 그다음에 구성이고 묘사고 의미가 따라붙는 것이지 그렇지 않으면 독백이 될 가능성이 크다. 소재에 따라 다르지만 수필이 꼭 고고하거나 고상한 느낌만 강조할 일이 아니다. 같은 값이면 표현도 어떻게 할 것인가를 따져봐야 한다. 평소에도 유머러스한 이영숙 수필가의 모습을 떠올리면 재미있는 글이 나온 이유도 알게 되고 그 느낌도 배가 된다.

나는 양발산이 어디 있는지 의아했지만 가자는 사람이 안내하겠지 하고 등산복을 차려입고 등산화도 신고 스틱까지 들고는 약속 장소에 나갔다. 그런데 이 후배는 양장에 구두까지 신고 나온 것이 아닌가.

이상한 마음으로 다가갔더니 내 차림을 보고 말했다.

"아니 온종일 나랑 놀자고 했더니 또 다른 곳에 갈 차림을 하고 오셨네."

나는 놀라서 물었다.

"산에 가자며? 양발산."

그 후배가 갑자기 배꼽을 잡고 웃는 것이 아닌가.

"하하하 웃긴다. 양발산이라 했더니 산 이름인 줄 아셨나 봐요. 양발산은 산 이름이 아니라 음식점 이름이에요. 음식점. 점심이나 같이 먹고 모처럼 수다나 실컷 늘어놓으려고 했지요. 아하하."

'에고, 양발산이라는 음식점 이름을 들어나 봤나, 와 보기를 했나. '산' 자가 뒤에 들어가 있기에 산인 줄 알았지.'

나는 속으로 툴툴거렸지만, 후배는 온종일 웃고 또 웃으며 재미있어했다.

— 「웃기는 사람」에서

다소 엉뚱하게 느껴질 수도 있지만 한편으로는 때 묻지 않은 순수한 사람이라는 인식이 먼저 다가온다. 갈수록 잘나고 영악스러운 사람들로 넘쳐나는 세상에 순수함을 찾기란 쉽지 않다. 거기에 너나없이 고학력에 정보도 넘쳐나는 시대가 아닌가. 그때 조금 방심하거나 세류에 크게 관심이 없으면 금방 옛날 사람으로 취급받기 쉽다.

그런데 반대로 그런 순수한 사람이 그리워지는 시대이다. 맹구 이야기나 최불암 시리즈 같은 유머가 한때 인기를 차지했던 이유이다. 그러한 재미있는 이야기를 그대로 옮겨 놓는 것이 인용이다. 현대 수필에서 인용을 과감하게 선보이며 그에 못지않은 이영숙 수필가의 이야기도 또 최불암 시리즈 못지않게 재미있다는 것이 대구 현상으로 나타나 있다.

또 하나는 정말 나를 무식한 사람으로 만드는 것이라 말하기 싫은데, 독자들을 재미있게 만들어 주기 위해 소개한다.
몇 년 전 친구들이 모여서 점심을 먹고 한담을 나누다가 일어서면서
"나 아놀드 파마에 가는 데 같이 갈 사람."
하기에 나는 무심코 대답했다.
"난 며칠 전에 파마했어. 안 갈래."
그랬더니 친구들이 배꼽을 잡고 웃는다. 알고 봤더니 아놀드 파마는 미용실이 아니고 유명한 브랜드라나 뭐라나.

— 「웃기는 사람」에서

이 이야기를 읽고 독자는 그냥 웃기만 해도 된다. 크게 의미 부여하지 않고 시원한 웃음 한바탕 쏟아낸다면 그것이 의미이고 진솔한 의도이고 서슴없는 고백이기도 하다. 이영숙 수필가가 들려주는 사실 이야기가 오히려 더 큰 수필의 요소인 고백의 문학임을 확실하게 입증한 것이다.

작은 녀석이 얼른 '고생 끝에 낙이 온다'하니 큰 녀석이 '고생 끝에

병이 온다'하고 받아친다. '젊어서 고생은 사서도 한다' 하면 '젊어서 고생은 늙어서 신경통이다'라고 한다.

어디서 그런 것을 들었냐고 물으니 요즘 애들이 다 이렇게 말한다고 한다. 일명 신세대 속담이라나. 재미있어서 또 해보라고 하였다. '예술은 지루하고 인생은 아쉽다. 윗물이 맑으면 세수하기 좋다. 아는 길은 곧장 가라. 못 올라갈 나무는 사다리 놓고 가라. 호랑이한테 물려가도 죽지 않으면 산다. 서당 개 삼 년이면 보신탕 감이다. 버스 지나가면 택시 타고 가라.' 줄줄 잘도 외워 말한다.

— 「버스 지나가면 택시 타고」에서

이영숙 수필가는 아들만 두 명이 있는데 손주 두 명도 남자다. 이미 손주 이야기는 수필로 여러 편 썼다. 내리사랑이 어디로 가겠는가. 꿀 뚝뚝 떨어지는 이야기 속에 행복한 노후생활이 읽혀진다.

손주들과 신세대 속담을 즐기는 일도 행복의 연장선이다. 고정관념을 깨트리는 것이 글 쓰는 사람들의 운명이라 손주들과 속담 놀이를 하면서도 그대로 수필 한 편이 나왔다.

한참을 떠들다 녀석들은 잠이 들고 나는 신세대 속담이라는 것을 다시 생각해 본다. 설득력 있다고 고개를 끄덕인다. 그중에서도 머리에 남는 속담이 하나 있다. '버스 지나가면 택시 타고 가라.'이다. 맞는 말이다. 버스 지나갔는데 손을 든들 무슨 소용이 있나. 발만 동동 구르지 말고 머리를 써야지.

— 中略

　청춘을 다 바치며 직장에 충실했지만 정년이라는 제도는 이런 남편도 밀어냈다. 한동안 허탈한 시간을 보냈다. 다행히 이제 자신의 노후를 충실하게 가꿀 시간이라며 이것저것에 눈을 돌리기 시작했다. 바리스타 자격증을 따고 사회복지사 자격증도 취득했다. 중국어도 배운다고 신청하더니 휴대폰 다루기도 신청하여 열심히 배우고 있다.
　좋아하는 책도 많이 읽고 글을 써보겠다고 컴 앞에 껌 붙인 듯 앉아있더니 시 공모전에 입선하여 자신감을 얻었는지 행복해한다. 젊음을 태운 버스가 지나갔다고 발만 동동 구르는 것이 아니라 택시를 타고 가고 싶은 목적지에 꼭 도달하겠다고 입을 꽉 다문다.

　　　　　　　　　　　　　　—「버스 지나가면 택시 타고」에서

　이번엔 남편 이야기와 속담을 연결시킨다. 포기가 아니라 새로운 도전이다. 정신까지 노쇠해질 필요가 없다. 도전으로 얻는 충족감은 건강과도 직결되는 문제이다. 쓸데없는 말장난 같은 신세대 속담에서 찾아낸 보석 같은 비유가 반짝인다.

　나에게도 구미 당기는 신세대 속담이 있다. '못 올라갈 나무는 사다리 놓고 올라가라.'
　어렸을 적부터 시 쓰기를 좋아했다. 책도 읽고 친구들과 대화도 하면서 문학소녀라는 꿈을 키웠다. 세월은 흐르고 생활인으로 직장 다니다 결혼하고, 아이들을 키우면서 시와는 단절하며 살았다. 중년이 되어 나를 찾아보자고 사진 동아리에 들어가 여행하며 사진 전시회도 하면서 취미를 키우던 중에 지금 문학반을 알게 되었다. 정신이 번쩍 나고 삶의 활력소가 되며 다시 희망이 생겼다.

감히 어디를 올라가! 하며 큰 문학의 나무를 올려다만 보던 마음에 사다리가 생겼다. 문예창작반 시인 선생님과 문우들. 아름답고 건실한 나무들이 손잡아 주어 나는 떨리는 다리지만 사다리를 꽉 잡고 한발 한발 올라간다.

저 높은 곳을 향하여!

— 「버스 지나가면 택시 타고」에서

옛 속담에서는 못 올라갈 나무는 쳐다보지도 말라고 했지만 현대에는 사다리 놓고 올라가도 되고 고층까지 올라갈 수 있는 더 좋은 기계들이 즐비한 세상이다. 물론 속담은 비유이지만 한편으로 격세지감을 느끼는 것도 사실이다. 상상이 현실이 되고 상상도 못한 일들이 눈앞에 나타나고 있다.

이제 삶의 질과 멋과 맛을 따지는 시대이다. 이영숙 수필가는 문학소녀 시절에 꿈꾸던 일을 수필가로 거듭나며 본격적인 문학의 길로 들어섰다. 그리고 글 쓰는 사람들의 소망인 수필집도 만들게 되었다.

단순한 수필이 아니라, 기존 속담만 고집하는 것이 아니라 시대 변화에 능동적으로 앞장서고 있는 모습을 보여주고 있다. 신세대 속담을 활용하여 시대에 맞는 의미를 창출하고 있다. 이제 그 어떤 대상도 문학적으로 이해하고 글의 소재로 끌어당겨 작품으로 승화시킬 수 있는 능력을 확보한 것이다.

끝에 '저 높은 곳을 향하여!'는 이영숙 수필가를 든든하게 뒷받침해주는 하나님에게 다가가기 위하여, 라는 뜻으로 읽힌다.

하나님 곁에서

이번 수필집 곳곳에서 발견되는 이영숙 수필가의 믿음은 믿음직하다. 하나님 가운데서 모든 일이 벌어지고 이뤄지며 감사함을 느끼고 살아간다는 것이 여실히 느껴진다. 믿음이 있다는 것은 쉽게 흔들리지 않는다는 것이다. 욕심과 불의와 절망에서 베품과 정의와 희망을 찾아가고 있다는 것이다.

어린 나이에 어머니를 여의고 외로운 시절을 보낸 이영숙 수필가의 마음속 깊이 자리한 하나님은 든든한 반려자요, 어려운 인생길을 함께 걷는 동반자이다. 모든 일에 힘이 되어주는 하나님과 함께 살아간다는 것은 큰 축복이다.

사람과 관계는 물론이고 반려견 사랑과 노루귀의 귀함과 다육이에게 쏟는 정성은 이영숙 수필가의 인간적인 면면을 꾸밈없이 보여주고 있다. 그 뒤에서 빙그레 웃으며 편들어 주며 마음까지 어루만져 주는 하나님도 보인다. 그러나 이 또한 과용하지 않고 적절하게 문학성을 지켜가며 절제를 하고 있다.

항상 어머니 생신 때쯤 벚꽃이 피었는데 요즘은 계절이 빨라졌다.

이미 벚꽃은 지고 영산홍이 활짝 피었다.
 과학이 나날이 좋아진다지만 천기는 사람도 과학도 어찌할 수가 없다. 그건 오직 당신의 뜻이니 자비를 바랄 수밖에 없음을 알고 겸허히 머리를 숙인다.
 백 년 전이나 백 년 후나 여전히 계시는 그분에게.

―「2045년의 어느 봄날」에서

 내 영혼도 그렇다. 겸손히 낮아질 때라야 십자가가 보이는 것이다. 욕심을 버리고 교만을 버리고 자랑을 버렸을 때, 옆에 계시는 주님이 보이고 마음 중심에 모실 수가 있다. 낮아짐의 표상이신 예수님을 본받으려고 애쓸 때 교우들의 사랑도 보인다.
 병든 자를 긍휼히 보셨던 주님을 생각하며 엎드릴 때 이웃의 아픔과 어려운 이들의 눈물이 보인다. 온몸을 낮추고 두 팔을 벌릴 때 주님의 인자한 손길이 내 온몸을 어루만지시는 것이다.
 낮아지면 보이는 것, 온전한 주님의 사랑이다. 맑고 작은 이슬방울을 찍으며 얻은 소중한 생각이다.

―「낮아지면 보이는 것」에서

 문학 작품에서 보여주는 가장 큰 감동의 원천은 진실 제시 기능이다. 기교라든지 수사적 장치라든지 하는 외적으로 보여주는 모습보다 내적으로 진실의 넓이와 깊이가 확보되었을 때 많은 사람에게 감동이라는 순금의 결과를 전할 수 있다. 이영숙 수필가가 가지고 있는 이 순수한 진실은 앞으로 창작 활동을 하는 데 있어 가장 큰 이유가 되며 가장 강력한 힘으로 작용할 것이다.

아까부터 하늘에서 이영숙 수필가에게 보내는 뜨거운 격려 박수가 들려오고 있었다.

이영숙 수필집
경쾌한 초록별

초판발행 2025년 10월 20일

지 은 이 이영숙
펴 낸 이 배준석
펴 낸 곳 문학산책사

등   록 제3842006000002호
주   소 ㉾14021
         경기도 안양시 만안구 병목안로 81 성원Ⓐ 103-1205
전   화 (031)441-3337 / 010-5437-8303
홈페이지 http://cafe.daum.net/munsan1996
이 메 일 beajsuk@daum.net
제 작 처 시지시 (전화 : 0505-552-2222)

값 10,000원

ⓒ 이영숙, 2025

ISBN 979-11-93511-09-1 03810

* 이 책의 내용을 전부나 일부 재사용하려면
  저작권자와 문학산책사 양측과 협의하여 주시기 바랍니다.
* 저자와의 협의에 의하여 인지를 생략합니다.
* 파본은 구매 서점에서 교환하여 드립니다.